四川省社科规划项目资助（批准号：SC21B028）

大数据背景下体育大型赛事网络舆论演变研究

谭秀湖　廖欣锐　著

中国广播影视出版社

图书在版编目（CIP）数据

大数据背景下体育大型赛事网络舆论演变研究 / 谭
秀湖，廖欣锐著 .-- 北京：中国广播影视出版社，
2022.8

ISBN 978-7-5043-8898-8

Ⅰ.①大… Ⅱ.①谭… ②廖… Ⅲ.①运动竞赛 - 互
联网络 - 舆论 - 研究 Ⅳ.① G808.22 ② G206.2

中国版本图书馆 CIP 数据核字（2022）第 142105 号

大数据背景下体育大型赛事网络舆论演变研究

谭秀湖　廖欣锐　著

责任编辑　杨　凡
封面设计　文人雅士
责任校对　张　哲

出版发行　中国广播影视出版社
电　　话　010-86093580　010-86093583
社　　址　北京市西城区真武庙二条 9 号
邮　　编　100045
网　　址　www.crtp.com.cn
电子邮箱　crtp8@sina.com

经　　销　全国各地新华书店
印　　刷　廊坊市海涛印刷有限公司

开　　本　710 毫米 ×1000 毫米　1/16
字　　数　170（千）字
印　　张　12.5
版　　次　2022 年 8 月第 1 版　2023 年 8 月第 1 次印刷

书　　号　ISBN 978-7-5043-8898-8
定　　价　58.00 元

前　言

　　意识形态决定文化前进方向和发展道路，网络意识形态是现实社会意识形态在网络空间的反映。2018年8月，习近平总书记在全国宣传思想工作会议上强调"必须科学认识网络传播规律，提高用网治网水平，使互联网这个最大变量变成事业发展的最大增量"。2021年5月31日，习近平总书记在十九届中共中央政治局第三十次集体学习时指出"党的十八大以来，我们大力推动国际传播守正创新，理顺内宣外宣体制，打造具有国际影响力的媒体集群，积极推动中华文化走出去，有效开展国际舆论引导和舆论斗争，初步构建起多主体、立体式的大外宣格局，我国国际话语权和影响力显著提升，同时也面临着新的形势和任务。"这充分表明了，党对网络舆情传播和舆论变动规律的认知和重视达到前所未有的层次。

　　重大赛事是对外展示国家形象的重要舞台，备受社会各界高度关注，更易成为舆情危机事件爆发的基点。大数据背景下，较多专家学者针对如何预测与评估社交媒体的网络舆情信息与行为，开始从不同层面和视角提出了不同的观点，力求重大赛事网络舆情得到更好的引导与治理，进而传播中国好声音。

　　本书在理论分析和实际应用验证的基础上，采用跨学科合作研究的学术视角和大数据分析方法，对重大赛事网络舆情演化规律和引导机制进行相关问题研究。通过对重大赛事网络舆情的分析和梳理，按照传播主体、传播目的和影响因素的原则，以国内外重大赛事舆情演化和引导的困境与现实问题作为样本案例，分析重大赛事在筹办、举办期间在舆情控制上应注意的问题，探讨重大赛事舆情事件个体观点聚合并形成共识、极化或出现少量观点簇的过程及网络舆情动态演进影响机制，研究影响重大赛事网络舆情信息引导的主要因素及作用过程，构建适合重大赛事网络舆情的引导机制。通过研究，力求能动态把握重大赛事网络舆情演化规律和准确地预判舆情发展趋势，从而进一步深入了解重大赛事网络舆情真正存在的深层次问题，为更好的推进重大赛事网络舆情研判、交流、应急、协调、保障提供理论参考和实践依据。

本书是给体育网络舆情感兴趣的教师、职员、学生和管理者阅读的专著。将用于体育人文学科专业相关的教学、科研服务，为有志于体育赛事网络舆情研究的广大专家和学者提供学理方面的参考。

本书主要分为六个部分。第一部分绪论主要对研究的选题依据、目的、意义、价值和研究方法等方面进行了阐释，第二部分主要对网络舆情相关概念界定与理论基础进行了论述，第三部分阐述网络舆情演化相关研究方法与模型，第四部分对体育赛事中的网络舆情演化及其特殊性进行分析，第五部分对体育大型赛事网络舆情的演化预测进行分析，第六部分对体育大型赛事网络舆情的演化进行总结与展望。

本书是四川省社科规划项目课题的学术研究成果，课题组成员参与了课题的撰写和调研工作，并在本书中分别承担了不同章节。具体分工是：前言、导论由廖欣锐完成；第一章、第二章、第三章、第四章、第五章和第六章由成都体育学院杨盼盼完成；成都体育学院李一洁和陈姝颖参与第一章和第二章部分内容撰写。谭秀湖对全书进行了统稿工作。

该书出版得到了中国广播影视出版社杨凡老师的支持与帮助，在此表示感谢。

　　书中引用了一些专家学者的观点和图片资料，书中已经尽可能标明了出处，若有遗漏，敬请谅解。由于时间仓促，书中尚有不妥之处，敬请广大专家、学者给予批评指正。

2022年8月15日

目　录

第一章　绪　论

1.1　研究背景

随着社会进步与科学技术的快速发展，互联网在人们的日常生活已经占有重要的地位，互联网技术的发展对各个行业也产生了积极的促进作用。据中国互联网络信息中心（CNNIC）发布的第49次《中国互联网络发展状况统计报告》显示，截至2021年12月，我国网民规模达10.32亿，较2020年12月增长4296万，互联网普及率达73.0%，我国农村网民规模达2.84亿，城镇网民规模达7.48亿。随着网民总体规模的持续增长，城乡上网差距逐渐缩小，老年群体也逐渐融入社会网络。我国网民的互联网使用行为也呈现新特点：一是人均上网时长保持增长。截至2021年12月，我国网民人均每周上网时长达到28.5个小时，较2020年12月提升2.3个小时，互联网深度融入人民日常生活。二是上网终端设备使用更加多元。截至2021年12月，我国网民使用手机上网的比例达99.7%，手机仍是上网的最主要设备；网民中使用台式电脑、笔记本电脑、电视和平板电脑上网的比例分别为35.0%、33.0%、28.1%和27.4%[①]。

[①] 中国互联网络中心. 第49次中国互联网络发展状况统计报告［R］. 北京：中国互联网络中心，2022.

互联网不再只是信息传播的载体，而是以"载体+工具"的形式在提高人们工作效率，同时促进人际交往，网民通过互联网在公共平台发表个人观点，购买生活用品，参与政治民主实践等，这些原本只能在线下进行的活动在互联网的发展下变得高效便捷。后疫情时代，线上工作也成为工作生活中的一部分。正是因为互联网技术融入人们的日常生活中，网络空间中围绕社会事件的讨论变得越来越广泛，在参与讨论的过程中相同或不同的观点交织出现，舆情也因此产生。如甘肃山地马拉松事故、国乒运动员退赛事件、深圳体育中心坍塌事件等社会事件就是在互联网环境中不断发酵，产生舆论。除了媒介生态环境的影响外，现实社会环境对网络舆情也有很大的影响。

舆情又称为舆论情况，是指在社会空间中围绕社会事件受众态度发生的变化[①]。社会中的公众在该社会事件发生发展的过程中，发表自己的意见态度情绪等外部情况的综合表现。互联网平台的发展消除了时间与空间的隔阂，网络信息错综复杂，正面积极的信息和低俗的不良信息混杂，媒介平台将受众意见态度快速聚合，在现实社会中形成舆情，推动事态发展。网络舆情的发展往往是由于对出现在网络上不同的声音产生的争议，当公众意见占据主要地位时，网络舆情开始发酵，互联网上一方的声音压倒另一方时，演化成网络舆情。形成一个集合话语与权力的场域，外部受到主流意识形态的支配，受制于社会规律和法律法规的制约，同时，内部还受新闻生产者主观价值的影响。网络舆情研究是计算机科学技术发展的衍生物[②]，信息科学技术的快速发展对网络舆情信息多元化起推动作用。在大数据、云计算、人工智能、虚拟现实等技术的影响下，软件与硬件设施质量与数量急剧增长，具

---

① 刘泉. 基于个体社会属性的网络舆情演化模型研究［D］. 大连理工大学，2016.

② 刘颖，李欲晓. 网络舆情传播特征分析［J］. 北京邮电大学学报（社会科学版），2011，13（04）：1-6.

有综合处理功能的多媒体技术日臻成熟，依托多媒体技术呈现的网络系统界面越来越人性化，内容越来越丰富化，功能越来越智能化，在网络虚拟开放的环境中沟通更加便捷，表达更加自由，传播更加高效，一定程度上对网络舆情的发展具有推动作用。大数据已经运用到了各个行业，在新闻生产领域人工智能以及大数据参与制作了对新闻的发现以及对其信息采集等工作，面对突发舆情事件时更能提前进行预测，做好准备预警工作，大数据对新闻生产的效率有着很大的提升。软件设施提升的同时，硬件设施也升级迭代，打破了传统新闻相对封闭的空间传播的界限，进而将新闻传播的范围扩展到整个人类生存环境。在大数据和人工智能的影响下，传统媒体呈现出转型态势。数字信息技术已经不断地渗透到各行各业中，媒体行业则需要对新生事物有着较高的敏感度，需要能够迅速的应用到新闻传播生产中去。大数据能更高效的将信息进行整合并结合当下人工智能这一技术，使新闻人开始转变角色，逐渐转向进行更为个性化的内容推荐，并着眼于构建全新的新闻传播平台①。大数据驱动下，社会网络舆情治理能使负面网络舆情得到科学引导和有效治理，大数据也为社会网络舆情的精准引导、精准掌控、精准监管提供有力的技术支撑，让大数据信息技术更好地服务于网络空间的治理②。

随着网络信息的增多，网络舆情机构和行业报告开始涌现，除人民日报出版社出版的中国社会舆情蓝皮书系列《中国社会舆情年度报告》，以及各省出版的省内舆情报告和各行业出版的行业舆情报告外，国内有很多网络舆情监管机构，如天津社会科学院舆情研究所、人民网舆情监测室、上海社会

---

① 姜晓斐. 大数据和人工智能在新闻传播生产模式中的应用［J］. 传媒论坛，2021，4（07）：32-33.

② 李文军，陈妹. 大数据驱动的社会网络舆情治理路径研究［J］. 中共天津市委党校报，2021，23（05）：69-77.

科学院社会调查中心等，这些网络舆情监管机构从宏观层面综合运用新闻传播学、社会学、政治学、管理学等多学科的理论资源，在理论和实践上对舆情研究进行了深入的探讨，力图如实反映社情民意，为党和政府的决策提供参考。同时，以网络舆情研究为代表的学院派舆情研究实验室和高校舆情研究中心也以网络技术为支撑，致力于网络舆情前沿技术与管理研究，在业内形成广泛影响力，这些网络舆情监测机构和网络舆情研究中心是了解网络民意，进行舆情预警、监测、分析与研判的重要平台。互联网社区中心为广大网民提供了最直接的舆情信息观察和互动"窗口"，一批专门的舆情调查商业机构也不断涌现出来，在当前舆情管理过程中也发挥了重要作用。网络舆情兼具新兴技术和传统舆情相结合的特点，体现了自然科学与社会科学相融合的特性。在大数据背景下，网络舆情发展迅猛，分布在社会各个行业，如政府机关部门、各大高校、公安系统、卫生公共系统、企业公司等机构。基于新媒体技术的迅速发展，体育事件引发的网络舆情也呈现高频化、复杂化趋势，体育事件出现新媒体引爆，主流媒体跟进的新态势，出现多维度的体育舆论场，信息出现快速流变，体育网络舆情走向"后真相"。因此，加强体育舆情监测，提高网络舆情应对能力，运用跨学科思维，提出体育事件网络舆情引导策略，加强体育事件网络报道的议程设置，加强多维度体育舆论场建设，平衡话语权与价值观，以体育事件为中心变得重要。大型体育赛事是对外展示国家形象的重要舞台，备受社会各界高度关注，更易成为舆情危机事件爆发的基点。

1.2 研究目的与意义

1.2.1 研究目的

本书通过系统研究，着重阐述以下几个观点：

（1）网络舆情演化的研究，其实质是在研究网络空间中由各行为主体之间如何交互作用所引发实现网络舆情观点聚合和网络舆情信息扩散过程。因此，"个体行为与关系"始终是网络舆情研究给予关注的学术思维脉络。尤其是伴随着近年来我国对网络舆情传播和舆论变动规律的认知和重视，网络舆情演化的研究，已经逐渐成为热点和焦点。网络舆情的发展走向受到了诸多社会因素的影响，网络舆情演化的扩散期、爆发期和消退期都可能出现舆情的反转。识别网络舆情演化的影响因素，如舆情主体的特性、舆情客体的回应处置、社会事务的属性等，有助于深化对网络舆情的认知，更好地掌握网络舆情的演化动态，从而实现网络舆情的及时疏导，这也就是网络舆情演化研究的意义所在①。

（2）网络舆情研究不仅仅要关注社会政治经济因素作用影响，同时要关注技术发展因素所带来的变化。因为只有真正意义上厘清了网络舆情发展中"单"与"多"的变化，才能提出如何更好去治理网络舆情。作为公众社会心态的映射，网络舆情是社会心态的"晴雨表"，要从社会话语表达、社会关系与心理描绘等多个方面进行多向度的分析研究。因此，从大数据的实践理论，监测、分析和引导网络舆情，分析视角从单向度的内容研究转向多向度的内容及关系研究，从根本上改变网络舆情分析基础匮乏的现状。此外，网络舆情信息也向多元化发展，网民不再局限于文字交流，交流方式向语

---

① 左蒙，李昌祖. 网络舆情研究综述：从理论研究到实践应用［J］. 情报杂志，2017，36（10）：71-78+140.

音、视频等多媒体形式多元化发展。

（3）对网络舆情的研究基础是数据，大数据的着重点在于对数据之间的关系进行深度的挖掘。通过将网上网下各方面海量数据整合起来，进行关联分析、级别划分、聚类分析和倾向性分析，从线上行为评估与预测个体人物性格和心理，挖掘网络舆情和社会动态背后的深层次关系，实时融入的数据进行舆情动态评估，进而预判事件的进展属性数据及其数据间的关系，从而使得网络舆情变得可以预测其走向和传播模式，为相关行为主体提供可供践行的舆论处置决策与建议，实现网络舆情"灭火"式管理到"防火"式管理的转变。本书期望借助大数据方法和手段，试图在构建网络舆情的演化模型研究成果的基础上，为推进大型体育赛事的网络舆情引导与治理提供理论参考与实践贡献。

1.2.2 研究意义

理论意义：运用跨学科合作研究与大数据方法，以建构网络舆情的演化模型的成果形式，在理论推导和应用验证两个层面，从网络舆情不同的演进阶段和个体交互影响出发，较为全面地认知网络舆情的演进规律，突破网络舆情静态演化研究方法的局限性，拓展网络舆情的跨学科视野和研究空间，具有独到的学术理论价值。

现实意义：本研究成果网络舆情的演化模型，有利于准确掌握大型体育赛事的网络舆情动态，精准研判和引导舆情，将重大网络群体性事件化解于无形，可以广泛用于政府、媒体与网民之间良性的互动交流，构建和谐有序的网络环境等方面，具有积极广泛的社会应用价值。

1.3　国内外研究现状综述

1.3.1　"舆情"研究现状

国内外对"舆情"研究角度有所不同，国外学者侧重于"民意"方面的研究，国内学者侧重"舆情""舆论"方面研究。

民意调查运用系统、科学、定量的方法步骤，迅速、准确地收集公众对公共事务的意见，以检视公众态度变化的社会活动，其主要功能是真实反映各阶层民众对公共事务的态度，为政府或相关单位拟订、修正、执行政策的参考[①]。国外政府把民意调查作为制定公共政策、反映社情民意、参与竞选活动、进行政治博弈、开展社会动员以及推行外交政策的重要工具和手段[②]。因此，国外在舆情研究中民意调查占有重要的比例，且分布领域广泛。贝克斯克（Beckers K）等[③]通过定量调查的方式将比利时政治记者的分析与通过平行公民调查收集的"真实"公众舆论的证据结合起来，研究公众对具体政治建议的看法以及政治倾向。波尔顿切（Porten-Chee，P）等[④]利用沉默的螺旋理论和启发式信息处理，通过对501名参与者的实验数据分析，将个人使用喜

---

① 林荧章. 网络舆情的"事件化"取向刍议［J］. 新闻界，2017（01）：90-95.

② 金飞. 马克思主义新闻观与中国网络舆情管理研究［D］. 武汉：湖北大学，2018：15-22.

③ Beckers K，Walgrave S，Wolf HV，Lamot K，Van Aelst P，*Right-wing Bias in Journalists'Perceptions of Public Opinion*［J］.Journalism practice. 2019，15（2）：243-258.

④ Porten-Chee P，Eilders C，*The effects of likes on public opinion perception and personal opinion*［J］. communications-European journal of communication research. 2020，45（2）：223-239.

欢作为评估公众舆论的来源。苏德河（Sude D J）[①]将研究建立在动机认知和沉默螺旋理论上，以理清浏览政治信息如何塑造感知的公众舆论和随后的态度，通过多层次建模的方式，对参与者浏览了关于有争议话题的在线文章，相关的态度和公众舆论的看法予以综合分析，研究选择性暴露政治信息的确认偏见是否影响态度和感知的观点。曾（Zheng C D）[②]研究YouTube用户对加拿大总理特鲁多covid-19每日简报的评论，通过分析这些评论研究疫情传播与社会恐慌指数关系。刘（Liu K）[③]旨在调查和评估中国公众对埃博拉疫情的反应，通过互联网监测数据量化分析西非埃博拉疫情可能引起的影响因素与中国公众关注之间的原始相关性。索弗（Soffer，O）[④]基于对21次以色列新闻网站用户的采访，探讨了用户评论在评估公众舆论氛围中的作用，通过对互联网上浏览评论分析，进一步探讨公众舆论进行统计、评估的概念并赋予其新的意义，即通过有说服力的新闻推理和示范理论的角度，评价了新闻内容与用户生成的内容并排合并的效果。桑切斯（Sanchez H）[⑤]运用多

① Sude D J, Knobloch-Westerwick S, Robinson MJ, Westerwick, A "*Pick and choose*" *opinion climate*：*How browsing of political messages shapes public opinion perceptions and attitudes* [J]. communication monographs. 2019, 86（4）：457–478.

② Zheng C D, Xue J, Sun YM, Zhu TS.*Public Opinions and Concerns Regarding the Canadian Prime Minister's Daily COVID-19 Briefing*：*Longitudinal Study of YouTube Comments Using Machine Learning Techniques* [J]. journal of medical internet research. 2021.23（2）.

③ Liu K, Li L, Jiang T Chen B, Jiang Z G, Wang Z T, Chen Y D, Jiang J M, Gu, H.*Chinese Public Attention to the Outbreak of Ebola in West Africa*：*Evidence from the Online Big Data Platform* [J] international journal of environmental research and public health. 2016.13（8）.

④ Soffer, O. *Assessing the climate of public opinion in the user comments era*：*A new epistemology* [J]. journalism. 2019, 20（6）：772–787.

⑤ Sanchez H, Aguilar J, Teran O, de Mesa JG.*Modeling the process of shaping the public opinion through Multilevel Fuzzy Cognitive Maps* [J]. Applied Soft Computing. 2019, 85（11）：735–756.

层次模糊认知图（MFCM），从舆论挖掘的角度，提出一个初步的民意整合过程模型，并运用该图来评价民意的质量，从而能够评估公众舆论的质量。赛尔巴克（Zerback T）[1]将沉默理论的螺旋式理论与例证研究联系起来，讨论其在在线环境中的适用性，并通过实验调查在线意见对公众舆论的看法和发言意愿的影响。尼雷西尼（Neresini F）[2]对1992—2012年意大利核电的媒体报道进行了内容分析，并与纵向民意调查进行比较，通过处理大量的文本数据，并应用一种基于"风险术语"存在指标的创新方法，即涉及风险和危险问题的关键字，发现关于风险的媒体话语与舆论反对之间存在很高的相关性。乌比加（Zubiaga A）[3]通过分析超过670万条推文的纵向数据集，揭示了公众对物联网的看法，确定大数据分析是最积极的方面，而安全问题是公众关注的主要负面问题。倪（Ni）[4]等利用分布式网络爬虫，从社交网络中获取意见数据，通过自然语言处理，构建情感指数和制度评价指标。运用相关分析、回归分析和时间序列分析结果发现股票价格的波动直接受到个人日内情绪的影响，股票价格的变化能很好地表达民意[5]，提出热点事件的发展轨迹是通过公众舆论数据空间和实际行为数据空间反映在社交媒体上，薛

① Zerback T, Fawzi N.*Can online exemplars trigger a spiral of silence? Examining the effects of exemplar opinions on perceptions of public opinion and speaking* out ［J］. new media&society. 2017, 19（7）.1034-1051.

② Neresini F, Lorenzet A.*Can media monitoring be a proxy for public opinion about technology scientific controversies? The case of the Italian public debate on nuclear power.* ［J］. public understanding of science. 2016, 25（2）: 171-185.

③ Zubiaga A, Procter R, Maple C.*A longitudinal analysis of the public perception of the opportunities and challenges of the Internet of Things* ［J］. PLOS one. 2018, 13（12）.

④ Yin Ni, SU Z Y, Wang W R, Ying Y H. *A novel stock evaluation index based on public opinion analysis* ［J］. Priced Computer Science. 2019, 10（147）: 581-587.

⑤ 郭苏琳. 区块链环境下网络舆情传播及风险管理研究［D］. 吉林大学, 2020: 23-35.

（Xue，YL）[①]为了解决每个空间中或它们之间的各种机制的关系往往是未知的这个问题，提出了基于随机矩阵理论的矩阵相似性聚类算法，并结合滑动窗口技术，对多维时间序列的相似性进行聚类，有效地检测时间序列与多个动态元素之间的趋势关系。迈克尔（Michael G）[②]的研究包括了关于总统声明对公众舆论的影响的新的和全面的数据，具有控制数据集的准实验中断时间序列研究设计中使用了开源的机器学习工具，为未来的研究提供强有力的方法论基础。特弗（Toff，B）[③]研究了41次对美国政治记者、媒体分析家和民意调查人员进行深入采访的调查结果，研究采访记录了记者如何评估和报道公众舆论的几个趋势。麦格雷戈（McGregor，SC）[④]研究社交媒体如何在新闻中表现为公众舆论，以及这些实践如何塑造新闻，通过对2016年美国大选新闻报道的内容分析以及对记者的采访，补充了调查和大众引用的内容。权（Kwon KH）[⑤]利用早期的谣言研究作为推特公众舆论文本分析的理论框架，对推特信息的内容和语义网络进行分析，结果显示，谣言叙事的方式类似于制度化的民意调查，但谣言不太关注官方回应，而是反映了反左政治情

---

① Xue YL，Xu LY，Qiu BC，Wang L，Zhang GW.*Relationship discovery in public opinion and actual behavior for social media stock data space*［J］．EURASIP journal on wireless communications and networking. 2016.

② Michael G，Agur C. *The Bully Pulpit*，*Social Media*，*and Public Opinion*：*A Big Data Approach*［J］．journal of information technology& politics. 2018，15（3）：262-277.

③ Toff，B.*The'Nate Silver effect'on political journalism*：*Gatecrashers*，*gatekeepers*，*and changing newsroom practices around coverage of public opinion polls*［J］.journalism. 2019，20（7）：873-889.

④ Mc Gregor，SC.*Social media as public opinion*：*How journalists use social media to represent public opinion*［J］．2019，20（8）：1070-1086.

⑤ Kwon KH，Bang CC，Egnoto M，Rao HR. *Social media rumors as improvised public opinion*：*semantic network analyses of twitter discourses during Korean saber rattling*［J］．Asian journal of communication. 2016，26（3）：201-222.

绪和反活跃账户之间的霸权紧张关系。在线谣言分析有助于理解社会的集体记忆如何与当前的情境的不确定性相互作用，从而形成当前公众的意见和情绪。马（Ma BJ）等[①]为了更好地理解在线平台上公共评论的语义搜索，提出了一种基于潜在狄利克雷分配（LDA）的概率主题建模方法，并设计了一个实用的系统，为某市市政管理员用户提供满意的搜索结果和相关主题的纵向变化曲线，市政管理者可以基于所提出的语义搜索方法，更好地理解公民的在线评论，并可以通过考虑公众意见来改善他们的决策过程。李（Li JX）[②]为了获得决策支持，引入了一个基于链接的分类模型，命名为全局一致性最大化（GCM），该模型将一个社交网络划分为两类具有不同意见的用户。在推特数据集上的实验表明，这种全局方法比两种基线方法获得了更高的准确性等。

国内学者早在20世纪初就开始对舆情进行研究，早期的研究主要集中在政治经济、外交等方面，早期的舆情主要出现在史册、章回体小说、通俗演义等书目中，以舆情为主体的研究内容在2003年才正式出现，影响较大的著作有王来华主编的《舆情研究概论》、2004年张克生主编的《国家决策：机制与舆情》、2005年陈月生主编的《群体性突发事件与舆情》、韩运荣、喻国明2005年出版的《舆论学原理、方法与应用》、2006年张兆辉、郭子建主编的《舆情信息工作理论与实务》、2006年中共中央宣传部舆情信息局编著的《舆情信息工作概论》和《舆情信息汇集和分析机制研究》，2007年开始，刘毅主编的《网络舆情研究概论》开始运用跨学科的研究方法，对网络

---

① Ma BJ.Zhang N, Liu GN, Li LQ, Yuan H, *Semantic search for public opinions on urban affairs：A probabilistic topic modeling-based approach*［J］. information processing &management. 2016, 52（3）：430-445.

② LiJX, LiX, ZhuB, *User opinion classification in social media：A global consistency maximization approach*［J］. information & management. 2016, 53（8）：987-996.

舆情进行全面系统的研究。

在舆情研究的早期，无论是国内学者还是国外学者，都受制于互联网的发展，但随着科技技术的发展，舆情相关的研究也基于互联网不断的发展变化，网络与舆情一直相辅相成，因此，当互联网技术得到迅猛发展后，国内外学者对舆情的研究也开始丰富和深入。

1.3.2 "大数据"研究现状

随着生活、工作与思维的变革，大数据已经运用到各个领域，各领域学者也对其进行了大量研究。国内以中国知网为检索平台，截至2022年2月16日，检索到289017篇相关文献，总体发文趋势自2012年呈上升趋势，主题分布主要位大数据、大数据时代、大数据背景下、大数据技术、人工智能、大数据环境、互联网、互联网+等为主。研究层次分布中，技术研究，应用研究，开发研究，管理研究等占有重要比例。武汉大学、中国人民大学、清华大学、北京邮电大学、吉林大学等机构发文量较较高。大数据在计算机软件、自动化技术、企业经济、金融、贸易、生物科技、新闻与传播、建筑科学与工程、高等教育等学科均有运用。国内对于大数据的研究兴起于2012年，2012年被媒体称为大数据元年，从发文量也可以看出，2012年发文量呈现出前所未有的增势。并在之后的几年中快速上升，与之相关的研究成果大量涌现。国外的大数据研究主要集中在大数据存储、处理、分析以及管理的技术及软件应用上，学界在2008年在 Nature 上也推出了"大数据"专刊，分析研讨了大数据时代的数据管理，数据密集型研究和创新技术问题。2012年日本"新ICT占率研究计划"，将侧重点放在大数据应用和大数据定位方面。同时也有学者从不同角度运用不用方法研究大数据，或以大数据为背景进行学术研究，例如：运用大数据进行语言分析；利用大数据检查公众对空间政策的看法；使用大数据挖掘技术获得了10057条中国公众对强制性废物分离政策的回应；社交媒体大数据分析；大数据如何可以用来评估一个名人的风湿病对公众舆论的影响；通过大数据驱动的搜索查询来调查环境态度的作用；通过大数据预测议会选举等研究中都出现大数据。从现有的研究中可以看出，大数据已经运用到各个行业中，大数据在新闻传播领域的运用主要有网络舆情、社交网络、主题图谱、仿真建模、舆情传播等与舆情相关的领域。

文章①基于采用改进的捕获去除模型，研究大数据的捕获去除模型抽样估计，探索网络信息传播的传播规模和相关种群规模，研究显示，该方法可以有效地估计社交网络中热点的传播范围，为大数据分析中的抽样估计提供证据。文章②研究美国新冠肺炎大流行期间的信息寻求模式，纵向分析谷歌趋势数据，旨在利用谷歌趋势，提供了解covid-19等大流行期间信息寻求模式重要变化的见解和潜在指标，对信息寻求如何随着时间的推移而变化、信息寻求在不同地区和州之间如何不同、状态在信息寻求中是否有特定的和不同的模式，搜索数据是否与现实事件或之前的事件相关等问题提出疑问。文章③采用系统的文献综述方法，获得了15351篇文章，基于不同的过滤器，获得了48篇相关文章，根据出版年份、期刊的相关性、文本的完整性、标题的不可重复性和页号，选择了23篇文章，将大数据和情绪分析分为集中平台和分布式平台。此外，还分析了其技术的缺点和优点，并重点研究了关键问题，是关于大数据和情绪分析的一个全面的、系统的文献综述，为相关领域研究提

① Li Z, Gan S, Jia R, et al. *Retraction Note to：Capture-removal model sampling estimation based on big data*［J］. Cluster Computing, 2018.

② Adelhoefer S, Henry TS, Blankstein R, et al.*Declining interest in clinical imaging during the COVID-19 pandemic：An analysis of Google Trends data*［J］. Clinical Imaging. 2021, 73：20-22.

③ Hajiali M. Big *data and sentiment analysis：A comprehensive and systematic literature review*［J］. Concurrency and Computation Practice and Experience, 2020（1）.

供一个全面和系统的方法和手段，并突出未来研究的方向。文章①采用一种计算分析方法，分析社交媒体上挖掘服务质量反馈，研究调查社交媒体对公共服务的看法。文献②提出了一个使用Apachespark的推特数据的文本分析框架，更具有灵活性、快速和可扩展性特点，使用混合方法结合监督机器学习算法（朴素贝叶斯和决策树机器学习算法）和词汇方法（模式分析器）情绪分类，从而比较各种监督学习模型和使用最高的准确性预测情绪，提出的框架也有相对独立性。文章③利用位于地理位置的推特数据分析公众对国家间事件的感知，主要研究了使用开源大数据技术分析地理定位的推特数据的可能性。文章④基于数据挖掘的大学生心理危机预测，通过调查心理危机筛查指标，探讨了大数据技术在当前心理管理系统中的应用。采用数据挖掘技术，能够对心理预警数据的进行动态管理，实现高危群体心理的实时监测，提高学生心理危机早期识别和预警的准确性和有效性⑤。在定性和定量分析的基础上，对网络舆论、突发公共卫生事件的传播机制、预警、决策机制以及网络舆论的演变机制进行了一系列研究。文章⑥基于"大数据"描述不同现象的数

---

① Hong J L, Lee M, Lee H, et al.*Mining service quality feedback from social media：A computational analytics method*［J］. Government Information Quarterly，2021，38（3）.

② Dandannavar P.*Text Analytics Framework Using Apache Spark and Combination of Lexical and Machine Learning Techniques*. 2016.

③ VAN，DER，VYVER，et al.*Analysing public perceptions of international events by using GEO-located Twitter data*［J］. International Journal of Humanities Arts & Social Sciences，2017.

④ Liu J，Shi G，Zhou J，et al.*Prediction of College Students' Psychological Crisis Based on Data Mining*［J］. Mobile Information Systems，2021（23）：1-7.

⑤ 芦球，刘媛媛. 基于微信平台的大学生心理危机预警系统设计［J］. 太原城市职业技术学院学报，2019（02）：101-103.

⑥ Japec L，F Kreuter，Berg M，et al.*Big Data in Survey Research：AAPOR Task Force Report*［J］. Public Opinion Quarterly，2015，79（4）：839-880.

据统计分析，研究内容不仅包括大量数据分析，而且包括它们的多样性、速度、创建的有机方式，分析它们并从中推断所需的新类型的数据。该文章同时指出，研究提供了不同类型的大数据及其对调查研究的潜力；它还描述了大数据过程，讨论了其主要挑战，并考虑了解决方案和研究需求；在概念界定和划分方面，指出"大数据"是对一组与数据相关的丰富而复杂的特征、实践、技术、伦理问题和结果的不精确描述。同时，在研究结果部分，该文章为社交网络之间的用户评论生成了一个实时的建议，为了分析用户注释，实现了模式识别和数据字典，数据字典管理员可以创建一个模式匹配的数据集，敏感的单词可能是积极的和消极的单词，需要由管理员更新。通过模式识别方法，对用户评论进行分类，并将给定输入，将其分为快乐、悲伤、愤怒等各种情绪；基于所有情感分类中的未识别的词进行适度的评论分析；所有的注释都使用全局模式报告和生成的各种图表进行分组；排名可以使用全局模式报告来计算，通过生成的图表，管理员可以查看用户对所发布的评论的意见的清晰报告，作者描述了加快情绪分析的计算过程的技术。另一种用于情绪分析的方法是机器学习方法。该方法通过训练分类器来确定积极、消极和中性的情绪，对句子和文档的分类是有效的。文章①提出了一种基于社交媒体大数据的大群体两阶段风险应急决策方法，并指出在研究过程中，首先从社交媒体上收集与重大紧急事件相关的用户生成的内容，然后基于自然语言处理得到的事件舆论信息，构建了应急决策属性系统，并使用术语频率逆文档频率和专家评估来确定属性的权重；其次，设计了一个开放的两阶段决策过程，根据决策者意见的可靠性和准确性来量化决策风险，使用聚类来计

---

① Xu X H, Yang X, Chen X, et al.*Large group two-stage risk emergency decision-making method based on big data analysis of social media*［J］. Journal of Intelligent and Fuzzy Systems, 2019, 36（3）: 2645-2659.

算组成员的值；然后，采用与顺序偏好技术对决策备选方案进行排序。文章①中，作者试图调查大数据新闻做法与传统新闻价值观、规范和惯例的比较情况，调查结果显示，大数据新闻在来源使用方面呈现出新的趋势，但在客观性和视觉效果的使用总体上仍坚持传统的新闻价值观和形式。文章②中认为，数据挖掘技术和大数据在媒体和通信研究中的出现要求我们重新审视理论、操作性和数据之间联系的解释和合理性，围绕大数据的工具优化的话语，认为对这些问题的讨论导致无法有效地对数据挖掘模型即监督和无人监督的两种主要类型之间的进行区分，并指出这两种类型都提出了具体的挑战，虽然大数据方法为研究带来了新的机会，但它们基本上已以符合现有原型解释方案的方式纳入媒体和传播研究。文章③中，作者勾勒出一份宣言，供公众了解大数据，一方面，这需要公众对科学的理解和公众参与科技问题，人们如何、何时何地接触或参与大数据，谁被视为大数据值得信赖的来源，或可信的评论员和批评家，大数据系统向公众开放的机制是什么；另一方面，大数据给公众对科学的理解和公众参与科技带来了许多挑战：我们如何解决同时是大数据的线人、知情人和信息的公众的问题，当大数据本身成倍增加、流体和递归时，什么才算理解或参与大数据等文献。

另外，对大数据处理工具与技术的研究主要有基于数据存储的大数据处理技术、基于数据挖掘的大数据处理技术研究、基于查询的大数据处理研究等研究。对大数据未来方向的研究主要基于数据的不确定性与数据质量、关

---

① Tandoc E C, Oh S K. *Small Departures, Big Continuities*？［J］. Journalism Studies, 2015, 18（8）：1-19.

② Helles R, J Rmen, Lomborg S, et al. *Big data and explanation：Reflections on the uses of big data in media and communication research*［J］. European Journal of Communication, 2020, 35（3）：290-300.

③ Michael M, Lupton D. *Toward a manifesto for the "public understanding of big data"*［J］. Public understanding of science, 2016, 25（1）：104-116.

系数据库和非关系数据库的融合研究、跨领域的数据处理方法的可移植性等研究。

与国外的研究相比，国内的大数据研究和应用还处在发展阶段，除了类似于"大数据科学与工程——一门新兴的交叉学科"为主题的会议，由中国计算机学会青年计算机科技论坛举办的"大数据时代，智媒未来"学术报告会，大数据在其他学科的运用发展也在全面开花，大数据平台的开发与大数据现实案例的融合正在全面探讨的过程中。国内在大数据应用方面也在开始搭建大数据共享平台，经过对数据的预处理，抽取和集成的数据在相关平台完成交换和共享。

1.3.3　"网络舆情"研究现状

与线下数据采集相比，互联网由于其方便快捷的特点成为受众表达意见与观点最多最频繁的平台。当事件在互联网上报道时，信息会立即传播到全国各地，引发全国舆论领域，成为热门公众话题，越来越多的人参与到网络世界中，并使用各种平台来完成意见表达，意见交换，追寻信息过程，形成网络"舆论自由市场"。在公共突发情况下，通过研究网络舆论的形成过程，寻找爆发的源头，发现形成规律，推动发展和演变的力量，已经成为政府相关部门的应急决策的主要决策方式。以"public opinion"为关键词检索，截止到2021年10月在Web of Science中搜索得到24354篇相关文献，其中所属communication领域相关文献2396条，占比9.838%，其他文献涉及全选Political Science5230，占比21.475%、Public Environmental Occupational Health 2183，占比8.964%、Environmental Sciences1463，占比6.007%、Social Sciences Inter disciplin1321，占比5.424%、Sociology1126，占比4.623%、Environmental Studies1014，占比4.164%等各个领域，自2010年呈上升趋势。国外学者对舆论、公众舆论、公共舆论、民意等没有做明确的区分，一般都译为"Public opinion"或"Public sentiment",本书主要以"Public opinion"为主进行检索研究。由于中西方不同的政治环境与社会语境,西方社会重视舆情民意,因此,文献中较多民意调查研究。国外最早的舆论研究可以追溯到1937年创办的《公众舆论季刊》(*Public opinion Quarterly*),欧盟监测其成员国的舆论情况,为其制定决策提供依据[①]。目前,国外对于网络舆情的研究已经趋于成熟,很多研究成果纳入政府决策[②]。

以"网络舆情"为检索关键词,以中国知网为检索平台,进行主题检索,截至2021年10月,总计检索到相关文献15699条,其中新闻与传播领域相关文献7590条,占总比例的35.59%,其他文献涉及高等教育12.52%、行政学与国家行政管理11.15%、社会学及统计学9.90%、计算机软件及计算机应用4.49%、中国政治与国际政治3.30%、公安2.80%、互联网技术2.78%等领域。国内对"网络舆情"研究文献显示,文献数量自2008年出现上升趋势,2014年上升平缓。新闻与传播领域2005年出现"网络舆情"相关文献,自2005年至2015年呈上升趋势,2016年至2018年至下降趋势,2018年至今缓慢增长,2015年为"网络舆情"研究的小高峰。通过使用cite space对最高被引的1500篇文献绘制近5年(2016—2021)与近20年(2001—2021)的研究热点知识图谱,图谱显示,文献中关键词聚类相差不大,2008年后出现大数据和人工智能预警等相关研究热点,该研究热点随着移动互联网的快速发展,在网络舆情中一直处于前沿位置。

网络舆情具有传播速度快,舆情内容多元化,舆情传播主体特殊,传播途径多样等特点,国内外学者对于网络舆情的研究可以分为无模型的网络舆

---

① 谈国新,方一. 突发公共事件网络舆情监测指标体系研究[J]. 华中师范大学学报(人文社会科学版),2010,49(03):66-70.

② 李启月,杨晓泉,黄兴,王宏伟,魏新傲,吕雯婷. 基于系统安全降维理论的网络舆情危机预警方法研究[J]. 情报杂志,2021,40(09):88-94.

情研究和有模型的网络舆情研究，无模型的网络舆情研究主要从神经网络、时间序列、支持向量等借助数据或者数据分析技术等角度出发，实现对网络舆情的概念、现象解释，这类研究主要集中在新闻学、社会学、高校管理等学科和工作中，当然，无模型的网络舆情研究较少的涉及网络舆情演化机制，传播机理等内容；不同于无模型的网络舆情研究，有模型的网络舆情研究结合科学与工程中的相关观点，将网络舆情的传播演化发展看作是一个动态的社会动力学系统。在研究过程中，通过不同的动力学建模的方式对网络舆情的内部演化机理和网络舆情发展趋势提前做出预测，更好地对网络舆情的发展起到监管的作用。国内学者对网络舆情的研究集中在网络舆情的危机舆情处置、网络舆情的传播特征，如传播过程研判，传播的关键节点，传播过程中意见领袖和情感演化规律、形成的舆论场，群众心理等各个角度以及网络舆情的治理路径，引导管理策略，在中国语境中的政府干预等方面，综合文献，将国内外网络舆情研究内容归为以下几类：

（1）网络舆情观点聚合的相关研究

网络民众就某一社会议题发表的意见或情绪在很大范围内产生震动和共鸣时，网络舆情的观点开始聚合。网络舆情的观点聚合时在意见不同且人微言轻的个人观点下通过什么样的方式，使网络舆情发展成为群体性的共识，两极分化或者多级分裂的状态，观点聚合成为网络舆情，并将热点事件无限放大，这是网络舆情观点聚合研究的部分内容。在网络舆情观点聚合的研究中，网络舆情形成机制的研究占一个部分，这方面的研究基于统计物理学中的观点动力学的分析与建模，在网络舆情观点聚合领域主要有多数原则模型、社会影响模型、Sznajd模型以及有限信任模型等模型研究。

目前，对网络舆论观点聚合形成机制的研究主要集中在两个方面：一个方面是从宏观层面将网络舆论形成过程分为不同的阶段，研究各个阶段网络舆论形成过程中的的影响因素[①]。相关文献如学者通过研究突发事件网络公众舆论的形成和影响因素，建立了其演化的微分方程模型，确定了扩散过程的三个特征时间点和公众舆论发展的四个阶段，并探讨了政府应对的相应措施。研究结果为政府对网络舆论应急管理的决策提供了有效的参考[②]。另一方面，学者从微观角度，基于动力学模型研究网络舆情的产生条件和发展趋势。研究网络舆情的过程也是不断进步的，起初，许多研究者使用Sznajd模型进行分析。Sznajd模型认为，人们只有两种观点，即支持和反对。但在真实网络中，该观点具有多种多样的进化模式，不具有作为一般社区网络结构的固定结构，因此，典型的Sznajd模型不适合用于个体在网络上的视角的进化研究。后来的学者，如扎勒（Zaller）于1992年首次提出RAS（接收—接受—样本模型），库拉科夫斯基（Kułakowski）在扎勒（Zaller）形成理论的观点上进行改良，通过研究基于个体观点动态变化和发展趋势的网络舆论的形成，进一步优化了RAS模型。与其他个体的动态变化模型相比，库拉科夫斯基（Kułakowski）提出的模型更符合实际情况。再如，文献分析了网络突发事件中公众舆论的扩散特征。基于网络突发舆论洛特卡-Volterra4模型，对网络舆论特征进行研究，通过描述公众舆论的程度，建立了导出的舆论监测和预警模型[③]。对网络舆论形成机制的研究包括与心理学相结合的定性分析，以及通过建模和模拟进行的定量研究。定量方法主要利用外部因素来分析对公众舆论形成的影响，对网络舆论形成过程的分析还包括生命周期理论、系统动力学、进化博弈论等。

---

① 袁媛. 面向公共安全风险防控的疫情网络舆情预警研究——以刚果埃博拉病毒为例［J］. 情报科学，2022，40（01）：44-50.

② 段思遥. 湖南精准扶贫网络舆情现状、问题及应对策略研究［D］. 湖南师范大学，2019.

③ 袁媛. 面向公共安全风险防控的疫情网络舆情预警研究——以刚果埃博拉病毒为例［J］. 情报科学，2022，40（01）：44-50.

在探索网络公众舆论形成的过程中，一些学者将传统观点聚合模型应用到网络舆情或舆论的演化分析中，比如陈福集和李林斌，首先分析了网络舆情的来源、内容、传播方式及社会影响，然后将多数原则模型应用到网络舆情演化的建模分析过程[①]；王茹等人在由两个参数控制的推广小世界网络上进行了二维的Sznajd舆论模型的异步更新演化，探讨了网络拓扑结构对演化的影响[②]；陈桂茸等人借鉴Hegselmann–Krause模型的建模思想，针对互联网规模巨大以及网络民众在时间和精力上的有限性等问题，提出了基于影响力和信任阈值、含有双重选择机制的网络舆论演化模型[③]等。此外，还有一些研究者从网络舆情观点演化的实际出发，提出了一些具有创新性的模型，比如，周耀明等人考虑网络舆情观点聚合过程的多成分特性，通过对过程的经验模态分解（EMD），提出了一种新的网络舆情分析和建模方法；何敏华等人基于Barabási和Albert提出的无标度网络[④]，构建了网络舆论和网络拓扑结构相互影响的自适应舆论演化模型；熊熙和胡勇提出了一种基于在线社交网络的观点传播模型，并通过计算机仿真研究了在线社交网络中的舆情观点扩散形式及特征[⑤]；王根生[⑥]从严格把控网络舆情演化空间的邻域元胞影响，强化引

---

① 陈福集，李林斌. G（Galam）模型在网络舆情演化中的应用［J］. 计算机应用，2011（12）：3411–3413.

② 王茹，蔡勖. 推广小世界网络上的Sznajd舆论模型［J］. 广西师范大学学报（自然科学版），2008（01）：7–10.

③ 陈桂茸，蔡皖东，徐会杰，等.网络舆论演化的高影响力优先有限信任模型［J］. 上海交通大学学报，2013（01）：155–160.

④ Albert R，Barabási A–L.*Statistical Mechanics of Complex Networks*［J］. Reviews of Modern Physics. 2002，74（1）：47–97.

⑤ 熊熙，胡勇. 基于社交网络的观点传播动力学研究［J］. 物理学报，2012（15）：104–110.

⑥ 王根生. 网络舆情群体极化动力模型与仿真分析［J］. 情报杂志，2012，31（03）：20–24.

导小世界效应网络社区的倾向度转换，紧密关注无标度特性网络社区的网民极化动态等方面提出了创新性的应对思路；陆安等人提出了基于连续影响函数的群体观点演化模型。还有一些学者在此基础上做了相关研究，李和萨卡莫（LiH&SakamotoY）①以实验的方法验证网络舆情主体对某信息价值的态度以其所处的网络拓扑密度对网络舆情的衍进过程造成影响。Ying L②等以复杂网络理论为基础，通过严格推导，构建了描述网络舆情拓扑结构的模型，其结果表明，该表达式能很好反映网络舆情的程度分布，其服从一个近似的幂律分布，能够较好描述网络舆情的拓扑演化过程。王（Hong W）③等根据食品安全网络舆情信息的特点，在考虑信息真实性的基础上，利用matlab软件模拟网络舆情的传播衍化过程，对信息识别能力进行了研究。扎普齐奥格（Zaptcioglu）④等根据公共舆情的形成衍进分析，以及群体议程设置与舆情形成模型，从专家、知识分子、公众、政党和媒体等不同利益相关者的角度界定网络舆情传播，包括环境、经济和社会因素在内的各个方面。王（Lan cheng W）⑤等综述了国内外关于网络舆情演变、预警及应对的研究现状。

① LiH&Sakamo to Y. *Social impact sin social media：An exam nation of perceived truthfulness and sharing of information*［J］. Computer sin Human Behavior，2014，41：278‐287.

② Lian Y，Dong X，Liu Y. *Topological evolution of the internet public opinion*［J］. Physical A：Statistical Mechanics and its Applications，2017：567–578.

③ Hong W，Li Q，Wu L. *Food safety internet public opinion transmission simulation and management Counter measures considering information authenticity*［J］. Systems Engineering–Theory&Practice，2017，37（12）：3253–3269.

④ Celikdemir D Z，Gunay G，Katrinli A，et al. *Defining sustainable universities following public opinion formation process*［J］. International Journal of Sustainability in Higher Education，2017，18（3）：294–306.

⑤ Lan C W，Li F C. A *Summary of Theoretical Research on Internet Public Opinion Evolution，Early Warning And Coping at Home and Abroad*［J］. Library Journal，2018，37（12）.

K·马拉兹（Malarz，K）[①]等构建模型，通过仿真的方法分析舆情的概率分布。万（Wan，H X）[②]等提出网络舆情的热点词汇可通过模糊聚类法实现，减少噪音数据，提高热点发现能力，从中发现舆情信息传播热度。张（Zhang L）[③]等在分析影响网络舆情可控性、扩散性的基础上，提出一种积极引导技术，建立了支持外部控制的新模型，提出了一种公众舆情控制点选择算法。洪（Hong L）[④]等应用Vesmple软件，通过构建系统动力学模型，对网络舆情响应进行了仿真分析，其结果表明，网络舆情事件、网民、网络媒体、政府间均具有较强的交互作用，并分析了网络舆情多主体响应因子，对探索网络舆情的形成机理与响应策略具有重要的实践意义。

目前，尽管基于宏观与微观的研究都取得了大量的学术成果，但依旧有一些空缺，宏观层面的研究缺乏考虑网络舆论形成过程中个人意见的演变过程，而微观层面的研究则缺乏对网络舆论形成的影响因素的分析。也就是说，观点动态模型很少被纳入到网络舆论的形成过程中[⑤]。

---

① Malarz, K, Grone k, P, Kulakowski, K. *Zaller-Deffuant Model of Mass Opinion* ［J］. JASSS–THE Journal of Artificial Societies and Social Simulation，2011，14（1）：1–14.

② Wan HX, Peng Y. *Public Opinion Hot spot Discovery Algorithm Based on Fuzzy Clustering LDA* ［J］. Applied Mechanics and Materials，2013：433–435、626–629.

③ Zhang L, Tong W, Jin Z, et al. *The Research on Social Networks Public Opinion Propagation Influence Models And Its Controll ability* ［J］. China Communications，2018，15（7）：98–110.

④ Hong L, Shi LY, Li M. *Research on Multi-agent Response Factors of Network Public Opinion Based on System Dynamics* ［J］. Information Science，2017，35（01）：133–138.

⑤ Chen T, Peng L, Yang J, et al. *Modeling，simulation，and case analysis of COVID over network public opinion formation with individual internal factors and external information characteristics* ［J］. Concurrency and Computation Practice and Experience，2021（06）.

（2）网络舆情信息扩散的相关研究

信息通常是以网络中的个体为节点，沿袭个体之间的关系网络不断扩散开来的。有些研究者通过构建Agent-Based或Multi-Agent-Based模型来研究信息扩散的规律，由于信息在社会网络中的扩散在某种程度上类似于传染病在人群中的散布，一些研究者借鉴传染病扩散模型中的思想和方法进行信息扩散模型的构建，传统的传染病扩散模型主要是沿用SIR（Susceptible-Infective-Removed）模型对个体状态的划分方法将人群分为三类，即易感染者、感染者和恢复者。

谈天辰[①]等主要针对涉警网络舆情传播进行研究，采用Runge-Kutta方法建立了SIR传染病模型，最后通过粒子群优化的BP神经网络算法对参数进行反演，有效拟合出"弗洛伊德之死"涉警舆情网络传播趋势。在此之前也有诸多学者运用SIR模型研究网络舆情传播，如苏国强[②]等人在2013年以网络谣言的传播为研究对象，研究SIR模型下的网络舆情传播，同年，李可嘉[③]等人将网络传播的热点与SIR模型结合进行改进，丁学君[④]在2014年在SIR模型的基础上建立了SNS网络中的舆情话题模型，赵剑华[⑤]在2017年基于SIR模型借

---

① 谈天辰，洪磊，杨逸尘，黄晓淳．基于SIR模型的涉警舆情网络传播研究［J］．信息技术与信息化，2021（09）：49-52.

② 苏国强，兰月新．基于SIR的突发事件网络谣言扩散模型研究［J］．武警学院学报，2013，29（04）：90-92.

③ 李可嘉，王义康．改进SIR模型在社交网络信息传播中的应用［J］．电子科技，2013，26（08）：168-171.

④ 丁学君．基于SIR的SNS网络舆情话题传播模型研究［J］．计算机仿真，2015，32（01）：241-247.

⑤ 赵剑华，万克文．基于信息传播模型-SIR传染病模型的社交网络舆情传播动力学模型研究［J］．情报科学，2017，35（12）：34-38.

助粒子群优化求解参数最优值搭建了网络传播动力学模型，等等。刘勇[①]等通过Word2vec模型提取网络舆情中的语义特征，运用TF-IDF+Kmeans方法抽取舆情主题，应用扩充多元情感词典与KNN算法相结合的形式进行多元情感分析，形成主题及多元情感融合的网络舆情动态分析方法，分析了网络舆情发展演变全过程的内在机理，最后通过具体事例验证了方法的准确性。张义庭[②]等利用热力学熵理论，构建了高校突发事件网络舆情五力模型。通过该模型，分析了高校突发事件中舆情系统内部力量的相互作用方式以及在舆情演化过程中熵值的变化规律[③]。曾祥平[④]建构的"基于元胞自动机的网络舆论激励模型"、张璇[⑤]、袁国平[⑥]等利用系统动力学理论对突发事件构建传播模型以及仿真和分析、宗利永[⑦]等建构的言论主体Agent和舆论子场Agent的行为规则模型，朱恒民[⑧]等提出的"舆情传播演化的SIRS模型"，姜景[⑨]等对于突发

---

① 刘勇，韩清云. 基于主题与多元情感融合的网络舆情动态分析方法研究［J］. 竞争情报，2021，17（05）：10-18.

② 张义庭，谢威. 基于熵理论的高校突发事件网络舆情五力模型构建［J］. 情报杂志，2012（11）：22-26.

③ 郭苏琳. 区块链环境下网络舆情传播及风险管理研究［D］. 吉林大学，2020.

④ 曾祥平，方勇，袁媛等. 基于元胞自动机的网络舆论激励模型［J］. 计算机应用，2007（11）：2686-2688.

⑤ 邓建高，张璇，傅柱等. 基于系统动力学的突发事件网络舆情传播研究：以"江苏响水爆炸事故"为例［J］. 现代图书情报技术，2020（02）：110-121.

⑥ 袁国平，许晓兵. 基于系统动力学的关于突发事件后网络舆情热度研究［J］. 情报科学，2015（10）：54-58.

⑦ 宗利永，顾宝炎. 危机沟通环境中网络舆情演变的Multi-Agent建模研究［J］. 情报科学，2010（09）：1415-1419.

⑧ 朱恒民，李青. 面向话题衍生性的微博网络舆情传播模型研究［J］. 现代图书情报技术，2012（05）：60-64.

⑨ 姜景，张立超，刘怡君. 基于系统动力学的突发公共事件微博舆论场实证研究［J］. 系统管理学报，2016，25（05）：868-873.

事件的演化进程进行法阵和模拟，从而分析民间舆论场中各个构成要素与微博舆论热度的关系，张彦超[①]提出的"社交网络的信息传播模型，魏丽萍[②]等建立的"三个进化博弈模型"，等等。模型建构和过程模拟对于网络舆情的生成和对网络舆情的干预起到重要作用。

（3）网络舆情演化研究

近年来，统计物理学在社会现象，特别是观点动力学方面的应用，引起了越来越多的学者的注意。统计物理学可以用来探索观点动力学中的一个重要问题：在最初无序的情况下，个体之间的相互作用如何创造秩序？在这种社会科学的背景下，秩序意味着同意，而无序意味着分歧。从无序状态到宏观有序状态的转变是传统统计物理学中一个熟悉的领域，而诸如Ising模型等工具经常被用来探索这种转变。社会动力学中另一个重要方面是过程演化的基质拓扑结构。这种拓扑结构通过识别友谊对和交互频率来描述个体之间的关系。研究人员已经将社会连接的拓扑结构映射到复杂的网络上，其中的节点代表主体，链接代表主体之间的相互作用，基于自旋模型的各种版本的意见模型已经被提出和研究，如Sznajd模型、选民模型、多数规则模型和社会影响模型。上述的几乎所有的意见模型都是基于达到有序稳态的短程交互作用，其共识意见可以被描述为共识意见模型。然而，在现实生活中，不同的观点并存。例如，在一个有两个政党的国家，每个政党都有自己的候选人的总统选举中，多数意见和少数意见并存。选民的意见不一，一部分选民支持一个候选人，其他人支持另一个候选人，两种意见很少达成共识。这一现实促使科学家们探索更现实的观点模型，即两种观点可以稳定地共存。

---

① 张彦超. 社交网络服务中信息传播模式与舆论演进过程研究［D］. 北京：北京交通大学，2012：20.

② 魏丽萍. 网络舆情形成机制的进化博弈论启示［J］. 新闻与传播研究，2010（06）：29-38.

其中国内外学者提出的观点动力学模型大致可分为离散型模型和连续型模型两类。前者在模拟仿真用户的观点时使用的是有限的离散数值，其中比较有具有代表性的是文献①模型、Voter模型和MR（Majority Rule）模型等；后者考虑到个体的观点存在一个渐进的演变过程，使用连续值表示个体观点，影响力较大的有Deffuant模型②和Hegsekmann-Krause模型（HK模型）③。两者都建立在有限信任的基础上，考虑到现实情况中一种常见的心理现象"选择性接触"，即认为两个用户进行观点交互的前提是他们两者之间的观点差值的绝对值在一定交互阈值内，反映了"道不同不相为谋"的社会现象。与Deffuant模型相比之下，HK模型更多地考虑了周围用户对单个用户的影响，而不是单单地只受到一个用户的影响就改变其观点值，进而促进整个群体观点的演化，因而，HK模型能更好地模拟开放性较强的社交网络中舆情的演化过程。自HK模型被提出之后，其引起了舆论界学者的关注并对其进行改进和研究。李青等④基于BA网络综合考虑了用户本身及用户对他人的信任关系两个因素进而对HK模型进行了相应的扩展，分析了模型中信任阈值对观点演化的影响，并考虑了网络中节点度这一影响因素，发现度最大节点受其他节点影响较小，度最小节点受其他节点影响较大。陈桂茸等⑤基于个体间

---

① Sznajd-Weron K，Sznajd J. *Opinion evlution in closed community*［J］. International Journal of Modern Physics C，2000，11（06）：1157-1165.

② Deffuant G，Neau D，Amblard F，etal. *Mixing beliefs a-mong interacting agents*［J］. Advances in Complex Systems，2000，3（01）：87-98.

③ Hegsekmann R，Krause U. *Opinion dynamics and bounded confidence models，analysis and simulation*［J］. Journal of Artificial Societies and Social Simulation，2002，5（03）：1-24.

④ 李青，朱恒民. 基于 BA 网络的互联网舆情观点演化模型研究［J］. 情报杂志，2012，31（03）：6-9，35.

⑤ 陈桂茸，蔡皖东，徐会杰等. 网络舆论演化的高影响力优先有限信任模型［J］. 上海交通大学学报（自然版），2013，47（01）：155-160.

的影响力对有限信任集合进行改进，假设用户在更新观点时仅考虑参考集合中与自身观点距离小于某个阈值的个体观点，同时引入自我坚持度。宋艳双等[1]研究了不同复杂网络结构对观点收敛速度的影响，同时提出联系数量和人际相似性来度量不同个体间相互影响。张亚楠等[2]通过扩展用户的交互集合来改进HK模型，并且引入了个体间亲密度、人际相似性和交互强度等概念，同时在聚类系数为0.1659的社交网络运行了其改进的舆情演化模型。何建佳等[3]考虑个体之间的亲和度，对个体观点之间的影响权重进行重新定义，分析了观点坚持度、个体亲和度和意见领袖支持者比例三个因素对网络舆论演化的影响等。

（4）网络舆情的预测管理研究

网络舆情治理管控与预测就也是网络舆情研究中重要的一个部分。

国外学者的研究有莫赞（Zan MO）[4]等学者根据大数据时代网络舆情出现的信息量大、覆盖范围广等特点，提出了一种基于经验模态分解自回归（EMD-AR）模型的改进组合模型，称为EMD-ARXG模型，将其应用于复杂网络舆情的趋势预测。莱曼（Lee mannL）[5]介绍了带边际后处理

① 宋艳双，刘人境.网络结构和有界信任对群体观点演化过程的交互影响［J］.软科学，2016，30（01）：120-123，144.

② 张亚楠，孙士保，张京山等. 基于节点亲密度和影响力的社交网络舆论形成模型［J］. 计算机应用，2017，37（04）：1083-1087.

③ 何建佳，刘举胜. 基于扩展Hegselmann-Krause模型的舆论演化模式研究［J］. 情报科学，2018，36（01）：158-163.

④ Zan MO，Zhao B，Huang Y，et al. *Network public opinion prediction by empirical mode decomposition-autoregression based on extreme gradient boosting model*［J］. Journal of Computer Applications，2018，38（03）：615-619.

⑤ Lee mann L，Wasser fallen F. *Extending the Use and Prediction Precision of Sub national Public Opinion Estimation*［J］. American Journal of Political Science，2017，61（04）：1003-1022.

（MRMP）的多级回归，将MRMP的数据需求放宽到边际分布，大大提高了该方法的预测精度，蒙特卡罗、美国、瑞士的分析结果表明，使用相同的预测因子，MRMP通常在标准应用程序和当前使用的标准方法中执行，并且当对其他预测因子进行建模时，更具有优越性、更好的性能和实施的直接性。对于舆情评价效果更好、预测精度更高。刘（LiuXD）[①]在大数据的背景下，提出了一种新的针对"s曲线"理论的改进方法，并建立了三种新的网络公众舆论预测模型。这些模型基于符合传统"s曲线"理论的信息扩散模型，考虑了突发事件形成时的初始和后续网络舆论的扩散趋势和客观环境的突然变化。新的改进和建立使模型比其他学者的模型有更准确的预测，这些模型主要在更短的时间内研究第一个网络的公众舆论。刘（LiuH）[②]以农产品舆论监测系统为主要研究对象，利用Hadoop开源平台构建大数据基础，实现数据的分布式存储，利用Map Reduce和Spark对采集的数据进行分布式计算和处理，利用适当的算法模型对文本信息进行分类和聚类，完成文本情绪趋势分析和主题发现和跟踪，在现有的舆论监测系统的基础上，解决了利用大数据分布式技术实现垂直领域农产品舆论监测的问题。韦普萨拉（VepsalainenT）[③]利用"大"的社交媒体数据探讨了脸书点赞可以用来预测选举结果的程度，该研究的主要目的是分析"脸书点赞"来预测2015年芬兰议会选举结果的程度，从Facebook和其他来源汇编了一个完整的候选人级别数据集，以分析Facebook喜欢和候选人的投票份额之间的关系。脸书点赞和

① Liu X D, Cao A X, Li C Y. *Novel Network Public Opinion Prediction and Guidance Model Based on "S-Curve"*: *Taking M the Loss of Contact with "Malaysia Airlines"* ［J］. Mathematical problem sin engineering. 2021.

② LiuH, Yu Z K, Zhong X Z, YuHL. *Network Public Opinion Monitoring System for Agriculture Products Basedon Big Data* ［J］. scientific programming. 2021.

③ Vepsalainen T, Li H X, Suomi, R. *Facebook likes and public opinion*: *Predicting the 2015 Finnish parliament ary elections* ［J］. government information quarterly. 2017, 34（03）: 524-532.

投票被发现有显著的正相关关系。童玉（TongY）[1]着重于多媒体网络舆论监督机制的多维构建，以大数据时代的背景，研究了多媒体网络舆论评价和预测算法，基于现有的网络舆论评价和预测算法在捕捉数据序列的特征和数据序列的长期依赖性方面存在不足，在训练过程中可能会出现过拟合和梯度消失的问题，建立了基于舆论监督预测模型的多媒体网络舆论威胁评价模型。谢婉莹（XieWY）[2]提出，利用概率不确定乘法语言偏好关系（PUMLPRs）来评估在线公众舆论的管理方式，文章运用不确定乘法语言变量的修复和概率的修复得到完整的pumlpr。此外，还研究了完整的pumlpr的一致性，通过所提出的可能性度公式得到最终的优先级。之后将执行帮助评估管理在线公众舆论的有效方式的数值例子，以检查拟议的决策程序的可行性。另外有学者以信息受众在网络情绪领域的视角进行分析和监控为目标，在语义层面上，提出了不同层次的公共舆论信息资源的知识融合的实现方法，并得到了大数据环境中的语义网络等语义技术的支持，采用多智能体建模和仿真方法，建立了网络舆论信息通信仿真模型。在模型中构建了每个参与实体的属性，并分析了各种因素对网络危机信息传输的影响，为网络舆论的监测和预测提供了一定的理论支持和方法指导。石磊（ShiL）[3]设计一种有效的方法来检测快速更新的突发话题，提出了一个名为SRTM的稀疏RNN-Topic模型（SRTM），收集了新浪微博数据集，进行了定性和定量评价，效果显著。

---

[1] Tong Y F, SunW.*Multimedia Network Public Opinion Super vision Prediction Algorithm Based on Big Data*［J］. complexity，2020.

[2] Xie W Y, Xu Z S, Ren Z L, Viedma, EH.*Restoring in complete PUMLPRs for evaluating the management way of online public opinion*［J］. information sciences. 2020.516：72-88.

[3] LEI SHI, JUN-PING DU, MEI-YU LIANG, et al. *SRTM：A Sparse RNN-Topic Model for Discovering Bursty Topics in Big Data of Social Networks*［J］. Journal of Information Science and Engineering，2019，35（04）：749-767.

国内学者对于网络舆情管理预测的研究有林玲[1]等提出一种基于佳点集方法初始化、非线性参数控制以及对引领狼赋权的改进灰狼优化支持向量回归（IGWO-SVR）的网络舆情预测模型，并以"新冠肺炎""中国梦"等百度指数为网络舆情样本进行实证了研究，改进后的灰狼优化算法有较强的搜索能力、较快的收敛速度以及较好的稳定性。学者在舆情预测的过程中发现，统计学和灰色系统方法下的如小波变换与差分自回归移动平均模型、隐马尔科夫模型、均值灰色模型等模型的局限后提出基于非线性理论建模的机器学习方法，如田世海[2]等构建舆情预测模型的贝叶斯结构，利用大量舆情案例数据集进行学习，建立自媒体舆情反转预测模型。杨茂清[3]等基于随机算法建立突发事件网络舆情演化预测模型，以微博和第三方舆情监测平台作为实验数据来源，结果验证模型有较高的拟合度和更低的误差值。魏德志[4]、游丹丹等[5]提出，基于改进的粒子群优化径向基神经网络和BP（Back Propagation，BP）神经网络模型用于网络舆情的发展趋势预测，取得较高的预测精度。机器学习方法弥补了传统统计学模型预测中的不足，但依然存在缺陷。牟冬梅[6]以具体事例进行模型仿真，为实现网络舆情热度预测将对进行了预处理的数

[1] 林玲，陈福集，谢加良等. 基于改进灰狼优化支持向量回归的网络舆情预测［J］. 系统工程理论与实践，2022，42（02）：12.

[2] 田世海，孙美琪，张家毓. 基于贝叶斯网络的自媒体舆情反转预测［J］. 情报理论与实践，2019，42（02）：127-133.

[3] 杨茂青，谢健民，秦琴，王舒可. 基于RF算法的突发事件网络舆情演化预测分析［J］. 情报科学，2019，37（07）：95-100.

[4] 魏德志，陈福集，郑小雪. 基于混沌理论和改进径向基函数神经网络的网络舆情预测方法［J］. 物理学报，2015，64（11）：52-59.

[5] 游丹丹，陈福集. 基于改进粒子群和BP神经网络的网络舆情预测研究［J］. 情报杂志，2016，35（08）：156-11.

[6] 牟冬梅，靳春妍，邵琦. 基于情感分析的突发公共卫生事件网络舆情热度预测模型仿真［J］. 现代情报，2021，41（10）：59-66.

据进行多元时间序列分析，结果显示，情感因素在突发公共卫生事件网络舆情热度预测之中可以显著提高其预测效果。董坚峰[1]和贾娴[2]在面对突发事件网络舆情预警分析中都提到了Web挖掘技术，建立了包括舆情采集层、挖掘层、分析层、预警研判层的突发事件网络舆情预警全过程，实现突发事件网络舆情采集、分析处理、危机预警的自动化、智能化和实时化。王高飞[3]在网络舆情的引导和控制中分析了网络舆情本身的特点和影响网络舆情的因素，采用层次分析法和模糊综合分析法，构建基于AHP—模糊综合分析的移动社交网络舆情预警模型，并以具体案例进行实证分析，得出了网络舆情机制与专家对事件的预警机制一致的结果[4]。此外，国内还有学者提出了网络舆情预警模型，如张艳丰[5]基于直觉模糊推理模型、杨柳[6]的灰色关联分析模型、林伟健[7]的云模型、王耀杰[8]数字孪生技术、孙玲芳[9]BP神经网络、模糊综合评价、OCS – EGM模型等诸多方法对网络舆情预警进行研究等。

① 董坚峰. 基于Web挖掘的突发事件网络舆情预警研究［J］. 现代情报，2014，34（02）：43-47+51.

② 贾娴. 基于Web挖掘的突发事件网络舆情预警策略探讨［J］. 电子技术与软件工程，2015（08）：11.

③ 王高飞，李明. 基于AHP – 模糊综合分析的移动社交网络舆情预警模型研究［J］. 现代报，2017，37（01）：41-44+65.

④ 孙莉玲. 几类网络舆情研判模型及应对策略研究［D］. 东南大学，2016.

⑤ 张艳丰，李贺，彭丽徽. 基于直觉模糊推理的网络舆情监测预警评估方法研究［J］. 情报杂志，2017，36（06）：111-117，172.

⑥ 杨柳，罗文倩，邓春林等. 基于灰色关联分析的舆情分级与预警模型研究［J］. 情报科学，2020，38（08）：28-34.

⑦ 林伟健. 基于云模型的网络突发群体事件预警监测模型的研究［D］. 镇江：江苏科技大学，2016.

⑧ 王耀杰，崔倚龙，甘波. 基于数字孪生技术的反恐情报预警体系研究［J］. 情报杂志，2021，40（03）：76 – 80.

⑨ 孙玲芳，周加波，林伟健等. 基于BP神经网络和遗传算法的网络舆情危机预警研究［J］. 情报杂志，2014，33（11）：18 – 24.

（5）网络舆情研究述评

通过国内外学者的研究成果梳理与分析发现，尽管当前学者在网络舆情方面的研究已经非常丰富，也取得了丰硕的成果，但依然存在以下不足：

1. 研究内容方面，理论与实践联系不够，基于模型建构思考的学术研究多趋向理论和个案，多局限于从社会科学领域分析网络舆情的成因、作用、应对策略，或者从信息传播的角度为舆情扩散规律建立模型，极少利用实际的网络舆情事件数据进行拟合或仅拟合了个别特定的事件，小样本的实证分析无法为所建模型科学合理确定相应的参数值，也无法验证现有的网络舆情模型的研判能力，导致现有模型应用于实际网络舆情研判时遇到困难[①]。

2. 研究对象方面，研究对象拓展性不够，研究对象之间的关联度不够深入，对研究对象的共性与个性研究不够。主要表现在对网络舆情内容分类细化研究的不足。

3. 研究方法上，缺乏计算机、社会学、新闻学等跨学科的合作研究，基于多理论基础、多研究背景的理论成果较为匮乏。

4. 研究创新上，主要是借鉴大众传播理论或舆论发展理论等的基本理论，对于舆情演化动力机制和演化规律的核心深层问题与交互作用机制缺乏本质规律分析和理论实践融合、创新。

在网络舆情研究中，许多研究者从社会学、心理学、传播学、管理学、物理学以及计算机科学等学科的研究范式出发对网络舆情进行了广泛的研究。这些研究主要集中于网络舆情的概念、特征、分类、流程、成因、社会影响以及网络舆情信息挖掘、管理等方面，其中的研究成果有利于推进对网络舆情的科学认识和社会管理，但就当前而言，现有研究在网络舆情演化规律的分析相对还比较薄弱。因此，需要借鉴多学科的理论和方法将网络舆情

① 孙莉玲. 几类网络舆情研判模型及应对策略研究［D］. 东南大学，2016.

演化规律研究引向深入。

现有的研究在认识网络舆情演化这一概念的内涵上还不够具体，很多研究者通常将网络舆情演化等同于网络舆情传播，认为网络舆情的传播过程就是网络舆情演化的过程。事实上，网络舆情的演化过程交织着网络舆情信息的扩散过程以及网络民众持有的关于网络舆情的观点聚合过程，随着网络民众的交往互动，一方面，不同个体就某一网络舆情事件产生的观点不断聚合，最终形成共识、两极化或出现少数几个较具影响的观点簇；另一方面，网络舆情信息不断在互联网空间中扩散开来，进而引发更为广泛的讨论。这两个过程并不是相互独立的，而是相互影响、互相交织演进，呈现一种非线性的关系特征，一起构成网络舆情的演化过程。本书正是基于这样一种认识而进行网络舆情演化模型构建的。

网络舆情演化的相关研究主要集中于宏观和经验的层面，而缺乏相对微观以及实证性研究。国内学者提出的网络舆情演化模型更多的是从经验数据出发主观上对网络舆情的演化阶段和演化流程进行归纳，不仅缺乏实证数据的支撑，而且在网络舆情整个发展过程的分析上欠缺全面性，研究者通常更关注现实公众观点演化规律的研究，他们所构建的基于个体的演化模型对网络舆情演化过程的建模与分析具有重要的参考价值。互联网具有复杂网络的结构属性，网络舆情正是以网络空间中的个体为节点，以个体之间的关系为路径形成并扩散开来。因此，引入个体行为层面的微观视角，结合国外学者的建模思想和网络空间的传播特性对网络舆情进行建模分析和实证研究具有重要意义。

1.3.4 "体育赛事网络舆情"研究现状

体育赛事网络舆情研究作为网络舆情研究的一个分支，研究相对较少。

本书以中国知网为检索平台，截至2022年3月18日，以主题"体育舆情""体育赛事舆情""赛事舆情""赛事网络舆情"为检索词，检索到最多的条目只有57条。从总体发文趋势来看，2013年起国内才有了"赛事舆情"的相关研究，且每年的文章数量都较少，都以个位数的数量发表，2021年和2022年的预测值显示发文量为每年15篇。这些检索到的文献中，主要主题主要有体育赛事、网络舆情、大型体育赛事、大数据、突发事件、东京奥运会等为主，次要主题以信息传播、传统媒体、马拉松赛事、新浪微博、世界杯等为主。学科分布体育学占48.96%，新闻与传播学占35.46%，其他学科分布为社会学与统计学、互联网技术、图书情报与数字图书等。文章主要以应用研究和研究论文为主。作者和机构分布多以体育类院校为主。

文献①阐述了大数据背景下大型体育赛事新媒体传播的主要特征，大数据在大型体育赛事新媒体传播中的应用及存在的问题，并对大数据背景下体育赛事新媒体的传播进行了展望。文献②阐述了从体育公关传播的主体与客体角度，阐述了大数据时代对体育公关的影响。文献③基于社会心态分析视角，采用文献资料与逻辑分析等研究方法，对网络舆情与球迷群体性事件的关联性、产生机理、表现与应对策略进行研究，并认为可以自由发表意见的网网络平台和网络媒介中的舆论叠加，为网络舆情与球迷群体性事件奠定基础，并为群体性事件的爆发创造了条件，特殊场域下群体极化现象和虚拟场景的出现更是作为重要的引发了球迷的群体性事件的原因。文献④采用文献分析、数据分析、调查采访等研究方法，以大型体育赛事的微信传播特征为

① 王相飞，张巧玲. 大数据背景下大型体育赛事新媒体的传播研究［J］. 武汉体育学院学报，2015，49（11）：24-29.

② 付晓静，罗珍，赵蕴. 大数据时代的体育公关传播［J］. 武汉体育学院学报，2015，49（09）：26-30.

③ 田庆柱. 网络舆情对球迷群体性事件的影响及应对策略研究［J］. 体育与科学，2014，35（02）：74-77+87.

④ 袁永军. 大型体育赛事微信传播研究［D］. 武汉体育学院，2016.

切入点，指出微信公众号信息传播具有强制性消息推送、复合型多媒体信息传播形式但容量受限、信息个性化精准推送等特征；个人微信号传播具有复合型信息传播形式、即时性信息直连互通、半封闭式信息传播结构等特征在理论层面探索大型体育赛事微信传播模式：以"基于情感基础的'互动仪式链'"和"基于网络节点传播"两种传播模式为理论基础分析了大型体育赛事微信传播的模式。文献①以体育赛事突发事件应急预案为研究对象，采用文献资料法和逻辑分析法等研究方法，通过对现有文献资料的分析、研究，对我国体育赛事突发事件的相关问题进行了大量的综述。对我国突发事件应急管理进行系统梳理，找出我国突发事件应急管理中存在的应急预案体系不完善、预案操作性不强、应急演习不到位问题。文献②以具体赛事为案例，运用空间自相关、距离累计曲线、网络信息扩散半径等方法探寻大型体育赛事网络信息扩散的时空规律及机制。存在赛前长时间波动增长和赛后一致性骤降的特征，赛前网络信息扩散量大于赛后的信息扩散量；网络信息空间扩散具有明显的经济趋向性和人口集中性，也存在距离衰减规律，表现为举办地及周边地区比远距离地区受到的信息扩散量更高，呈现明显的本地集中性特征；赛事吸引力、空间距离、信息化程度、经济发展水平、人口规模和社会环境共同构成了大型体育赛事网络信息扩散的运行机制。文献③运用文本情感分析的研究方法，以2019年女排世界杯为例，在分析和讨论"中国女排"微博时间序列、文本词频和文本情感的基础上，探究体育赛事网络舆情具有明

---

① 张舒. 体育赛事突发事件应急预案研究［D］. 河北师范大学，2013.

② 阮文奇，张舒宁，李勇泉. 大型体育赛事网络信息扩散的时空规律及机制——以国际田联路跑金标赛事为例［J］. 上海体育学院学报，2020，44（02）：74-86.

③ 王晓晨，关硕，于文博，李芳. 体育赛事网络舆情的传播特征研究——基于2019年女排世界杯的文本情感分析［J］. 成都体育学院学报，2020，46（05）：74-81.

显的阶段性情感演化传播特征。在体育赛事网络舆情的信息交汇和汇聚的过程中具有明显的族群意识和社会化属性。文献①通过查阅文献、可视化分析、数理统计等研巧方法，对该领域已有成果进行统计分析并提炼主要观点，对体育传播领域的相关概念进巧重新梳理和定义，对传统媒体时代到自媒体时代体育传播方式变迁进行归纳演绎，分析自媒体时代体育传播的主要特征并指出自媒体时代体育传播普遍存在的问题，结合相关数据提出了自媒体时代的媒体融合立体定位。文章②运用社会网络分析法，研究体育赛事舆情传播特征和路径，分析舆情传播特征，并以2012年广州马拉松舆情事件为研究对象，进行实证研究。文献③通过以往学者对马拉松赛事网络传播以及体育赛事网络传播分析研究的基础上，运用文献资料法、内容分析法、专家访谈法、逻辑分析法、数据分析法，对西安国际马拉松赛事网络传播的发展现状、传播特点进行时间特征、情绪特征、地区特征、平台特征、群体特征、角色分析、传播亮点等七方面分析。文献④以兰州国际马拉松赛为研究对象，考察作为赛事营销事件的马拉松赛事在兰州城市形象建构中发挥的作用。文献⑤研究基于巴赫金的"对话理论"以及格鲁尼格、亨特的"双向对等模式"理论，以平昌冬奥会女子3000米短道速滑判罚事件的社会化媒体传播为研究对象，运用"过程—事件"分析法，探讨赛事组织与公众实现双向平等互动的对话

---

① 徐正驰. 自媒体时代体育传播范式变迁与融合发展研究［D］. 山东大学，2016.

② 蒲毕文. 基于社会网络分析的体育赛事舆情传播实证研究［J］. 山东体育学院学报，2014，30（06）：11-18.

③ 耿煜杰. 西安国际马拉松赛事网络传播特点分析研究［D］. 西安体育学院，2018.

④ 郭志权. 品牌营销与城市形象建构［D］. 兰州大学，2018.

⑤ 万晓红，周榕，李雪贝. 社会化媒体语境下体育赛事争议的对话性传播路径探讨——以平昌冬奥会女子3000米短道速滑判罚事件为例［J］. 成都体育学院学报，2019，45（02）：1-6+133.

传播路径。文献①通过对文献资料的整理和热点体育舆情事件的案例分析，探讨了网络舆情的形成机制，分析了体育赛事网络舆情的主要特征，并给出体育赛事网络舆情公关的策略选择，包括：开发和应用现代技术手段，做好舆情监控工作；对网络舆情进行积极回应、干预，引导舆情发展趋势；充分利用网络舆情加强与公众的沟通，进行赛事的推广和营销，推动赛事可持续发展。文献②从情感社会学的视角入手，对体育赛事及文化中"圈层舆论"生成的属性认知、演变逻辑及治理机制进行研究，认为：体育赛事"圈层舆论"的生成基础是基于价值认同而实现的情感链接，互联网的应用丰富了"圈层舆论"的同时使其呈现突生和动态性特征；舆情张力外溢生成了多圈层联动信息流，圈层舆论所构筑的"意见长尾"效应使体育赛事呈现出信息过载、边界模糊的传播形态，在资本、权力和精英的"合谋"下催生的圈层舆论呈现"单极化"趋向，复杂多元的信息舆情极易引发舆情爆点；对体育赛事"圈层舆论"的情感引导，需要促进体育赛事"圈层舆论"的危机管理向综合治理转化，防止负面舆情与次生舆情简单叠加，从信息治理和情感治理两个层面建立体育赛事"圈层舆论"的协同治理机制。文献③以全国学生运动会为研究对象，研究了全国学生运动会在网络舆情视角下产生的原因及演化过程，并提出了预防突发性事件的预案与应对措施。文献④基于体育赛事传播分析视角，运用案例分析与文献资料等研究方法对体育赛事的舆情进行分析及研究。体育赛事舆情作为一种重要的传播手段已经越来越得到国家重视，文

---

① 邹天然，杨铄．移动互联时代体育赛事网络舆情公关研究［J］．浙江体育科学，2017，39（01）：27-31.

② 张茉，关博．体育赛事中"圈层舆论"的衍生及其治理机制［J］．体育与科学，2020，41（06）：27-31+45.

③ 王迪．网络舆情语境下全国学生运动会突发事件的处置探究［J］．当代体育科技，2017，7（33）：228-229.

④ 朱倩．我国体育赛事舆情现状研究［D］．南京体育学院，2017.

章将以体育赛事突发事件为主要对象，着重研究分析体育赛事舆情中的传播
功能及规律，并且分析舆情传播的特征，同时以中超球迷暴力事件为主要案
例来分析，为体育赛事提供正面和负面的信息服务。文献①以平行情报中的方
法框架与知识自动化理论方法为基础，提出了一个面向活动的网络媒体监测
与建模分析的方法框架，并以中国智能车未来挑战赛（IVFC）为实际应用案
例，采集2009年至2017年3类主要网络媒体（新闻、微信、微博）数据，分别
从时空、热点、发布源、关键词、主题、语义、实体等维度对网络媒体数据
进行解析与可视化。实例分析结果可以有效揭示活动网络媒体的发布规律、
关注点、重要发布源以及各活动参与方实体的知识等，可为活动主办方等相
关单位进行策划、宣传、总结等活动前、中、后的各个环节提供数字化辅助
决策支撑。文献②对南京青奥会舆情应对工作经验予以总结的基础上，对大型
体育赛事做好舆情应对工作提出思考。文献③采用调查研究法、案例研究法、
专家咨询研究法、文献分析研究法等研究方法，以危机管理理论、利益相关
者理论、信任理论、共景监狱理论、把关人理论为理论基础，以协同治理视
角审视体育赛事危机传播管理中体育组织、新闻媒体和社会公众作为利益相
关者的关系，探析全媒体环境下体育赛事危机传播管理理念和行动策略。文
献④以北京马拉松官方微博为研究对象，选取北京马拉松官方微博2011-2018
年发布的1213条微博为分析对象，综合运用文献资料法、内容分析法、数理
统计法、个案研究法，依据"5W"传播理论，从传播主体、传播内容、传播

---

① 孙星恺，王晓，陆浩. 面向活动的网络媒体监测与建模分析：IVFC案例解析
[J]. 智能科学与技术学报，2019，1（04）：352-368.

② 宋广玉. 大型体育赛事舆情应对工作的思考与启示——以南京青奥会为例
[J]. 新闻研究导刊，2016，7（20）：282.

③ 刘晓丽. 全媒体时代体育赛事危机传播管理研究[D]. 武汉体育学院，
2019.

④ 程宵. 北京马拉松官方微博传播现状研究[D]. 广州体育学院，2019.

渠道、传播受众、传播效果等五个方面对其传播现状展开分析和研究。文章①通过全网抓取有关女排世界杯比赛相关话题和热点事件等相关舆情数据，利用大数据分析解读相应舆情周期产生的体育赛事舆情，运用个案研究法、文献资料法、数理分析法等方法对体育赛事的舆情进行分析及研究；以女排世界杯舆情为例，研究体育赛事正面舆情的传播、影响和正面引导。文献②第十三届全运会成功的媒体宣传工作为类似大型体育赛事舆论宣传提供了七点经验，尤其是传统媒体与新媒体深度融合以及网络舆情工作常态化将成为舆论宣传两大发展趋势，在理念上、技术上和节目制作播出过程中做出有益尝试符合媒体报道规律，有助于构建更为合理、科学的大型体育赛事舆论宣传体系。文献③通过立足社交媒体，以里约奥运会作为具体案例，从社交媒体角度解读体育赛事传播，研究社交媒体传播体育赛事的现状特征，探寻社交媒体传播体育赛事的强互动性、贴近性、社交性、异质性等特点，找到并分析传播过程中存在的具体问题和不足，并在最后提出相应的解决策略，进一步挖掘社交媒体价值，促进社交媒体中体育赛事传播的健康发展。文献④以第七届世界军人运动会为研究对象，对大型赛事综合管理可视化平台建设为例进行系统研究。文章⑤运用文本挖掘法的词频统计和情感分析方法，辅以文献资

———

① 陶玉洁，凌永哲. 2019年女排世界杯网络舆情媒体议程分析［J］. 声屏世界，2020（14）：93-95.

② 王金丽，郑祥，郑立志，马英利，于淑华. 大型体育赛事舆论宣传研究——以第十三届全运会为中心的考察［J］. 河北民族师范学院学报，2018，38（04）：104-109.

③ 王子奕，管志清. 社交媒体中体育赛事传播研究——以里约奥运会为例［J］. 湖南科技学院学报，2017，38（08）：147-150.

④ 施朗. 大型体育赛事综合管理运行中心的设计与实现——以第七届世界军人运动会综合管理中心可视化平台建设为例［J］. 科技与创新，2020（06）：107-109.

⑤ 沈昕怡，徐成龙. 基于微博文本挖掘的体育赛事网络舆情研究——以东京奥运会为例［J］. 新闻研究导刊，2021，12（23）：149-151.

料法和个案分析法，通过挖掘微博热搜话题及对应的微博正文文本，对东京奥运会期间的体育赛事网络舆情进行研究分析。文献①运用文献资料法、逻辑分析法等方法，对目前我国体育舆情研究的方向和主要转向进行了梳理。研究认为，我国目前的体育舆情研究主要涉及网络舆情的宏观研究、围绕重要赛事的舆情建构研究，以及以突发事件为主的舆情引导研究等方面。文献②通过抓取并分析新浪微博平台发布的世界杯热门话题和媒体报道的话题，分析网民议题与媒体议题的差异和各自的规律。文献③以冬奥会、冬残奥会舆情传播为研究对象，运用文献研究法、系统动力学方法、层次分析法等，对北京冬奥会、冬残奥会的传播机理进行了分析，剖析了赛事舆情的传播要素、传播规律、影响因素，建立了北京冬奥会、冬残奥会系统动力学仿真模型，针对舆情风险度的影响程度进行模型的实证仿真，进而基于仿真分析结果提出了冬奥会、冬残奥会舆情风险应对及治理方略。文献④采用词频分析法分析词频次数和变化趋势，深析竞技体操网络舆情的热点及变化趋势；采用内容分析法分析数据的现状及趋势，更加深入、准确地理解研究内容；采用专家访谈法深入了解专家对我国竞技体操以及舆情领域的主要观点、看法、研究意见。文献⑤通过对2019年篮球世界杯赛事全网舆情话题、热点事件报道及网络热议话题等相关网络舆情数据进行抓取，利用大数据分析、解读舆情周期内

① 查禹. 体育舆情研究的流变——新媒体体育舆情场域的深度扩散［J］. 当代体育科技，2021，11（19）：193-197.

② 丁斯妤，戴学东. 大数据解读大型体育赛事报道中媒体议题与网民议题规律［J］. 南方传媒研究，2018（04）：114-120.

③ 王金川. 北京冬奥会、冬残奥会舆情传播及治理研究［D］. 南京体育学院，2021.

④ 涂琴. 近15年（2005-2019）我国竞技体操网络舆情事件与舆情演变分析［D］. 南京体育学院，2021.

⑤ 丁斯妤. 体育赛事网络舆情分析及应对策略研究［D］. 广州体育学院，2020.

所产生的体育赛事网络舆情，运用个案分析法、文献资料法、数理分析法对体育赛事网络舆情进行分析及研究。以2019年篮球世界杯网络舆情为例，根据网络舆情的产生、扩散、爆发、消退四个阶段分析体育赛事网络舆情的特性及赛事网络舆情产生的影响，对各方针对赛事舆情特性所进行的舆情应对策略、应对效果进行分析和总结。文献①以兰州国际马拉松赛九年来的传播运营工作为研究对象，对其在传播策略、传播内容、媒介渠道、资源投放、传播活动、成本、危机传播等方面进行了分析探讨，研究了其传播运营的实践路径和达成效果，最终总结出其传播运营的基本模式。文献②以国乒退赛事件中，政府部门的舆论引导为研究对象，通过文献资料法、数据分析法、案例分析法，内容分析法等方法，对国乒退赛个案进行舆论演变、舆论引导存在的问题进行研究，提出舆论引导策略。文献③援引关系网络理论，以"武汉军人运动会开幕式"为案例，借助UCINET社会网络分析软件，通过分析微博平台"关注"和"被关注"的有向关系，建立1-模网的网络结构模型运用相关社会网络分析方法识别在赛事传播过程中的意见领袖，从局部和整体两个层面分析关系网络结构对体育赛事信息传播的影响力，探究网络内部结构关系特征，提出有利于体育赛事传播和扩散的有效路径，提高体育赛事传播影响力。

综上所述，通过对国内体育赛事相关文献进行分析，发现现有的研究多以体育赛事管理，品牌形象运营，赛事策划管理等角度出发，关于体育赛事网络舆情相关的研究较少，且网络舆情相关文献也多以词频分析情感表征为主。而在赛事舆论研究中，大多数学者的研究侧重于将赛事归类为负面意

① 马任超. 兰州国际马拉松赛事传播运营研究报告（2011-2019）［D］. 兰州大学，2021.

② 李沛津. 国乒退赛事件舆论引导研究［D］. 北京体育大学，2019.

③ 陈嘉宝. 体育赛事微博舆论传播的网络结构及其演化规律研究［D］. 武汉体育学院，2020.

义较重的突发性赛事，但是舆情作为舆论中的一个部分，作为公众情绪、态度、意见的集合，不仅具有负面的影响，尤其体育赛事自身具有公平性的特征，体育赛事网络舆情应该保持中立的态度，在研究网络舆情发展演化的同时更应该起到扩大赛事影响力的作用。从当前对体育赛事网络舆情研究角度而言，多以宏观的角度对整个赛事的发展进行阐述，忽略了网络舆情的传播是由多主体共同作用的结果，忽略了网络群体之间不同个体之间的独特性与个体之间的信息交互。从研究方法来看，对于体育赛事网络舆情的研究，多是以文本为主的研究，而对于词频的分析方式较为主观且对整个体育赛事的网络舆情的传播没有全面完整的构建，更缺少运用网络的方式对体育赛事网络舆情的传播机制、关键节点等做细致的研究。因此，本书基于香农信息论，再结合复杂网络的方式，将体育赛事网络舆情的演化看作是一个网络系统，阐述行为主体作为关键节点在网络舆情中的传播，阐述网络舆情的演化机制。

1.4　研究内容与研究方法

1.4.1　研究内容

（1）体育赛事网络舆情演变大数据应用的现状分析

研究内容包括：网络舆情演变和大数据分析方法的学术梳理；网络舆情信息发展的时代和历史背景分析；体育大型赛事网络舆情演化研究。

（2）体育赛事网络舆情观点聚合过程分析与构建研究

研究内容包括：按照传播主体、传播目的和影响因素的原则，分析体育赛事典型网络舆情在随机网络、规则网络、小世界网络和无标度网络等不同社交网络传播的异同点及网络舆情动态演进影响机制，探讨大数据环境下网民对体育赛事舆情事件个体观点聚合并形成共识、极化或出现少量观点簇的过程，提出体育赛事网络舆情演化过程中个体观点交互的环境与规则，从微观视角有针对性的构建网络舆情观点聚合模型，进而提高体育赛事网络舆情研判的精度。

（3）体育赛事网络舆情信息扩散过程建模研究

研究内容包括：根据现实中用户传播舆情信息的行为特征，分析体育赛事网络舆情信息扩散机制和传播内在机理，提出基于个体中心网的信息交互扩散模式；研究影响体育赛事网络舆情信息扩散过程的主要因素及作用机制，提出适合体育赛事网络舆情信息扩散过程的信息扩散模型。

（4）基于实证数据的体育赛事网络舆情观点聚合与信息扩散分析

研究内容包括：在对体育赛事网络舆情理论分析和模型推导的基础上，对研究中提出的网络舆情观点聚合模型与信息扩散模型进行验证，进而提出体育赛事网络舆情预测、引导和宣传报道的方案及对策建议。最后学术成果形成相关研究学术文本研究报告。

1.4.2 研究方法

（1）网络分析方法。使用包括社会网络分析在内的网络分析方法，探讨了网络舆情演化的空间结构以及参与网络舆情演化的各主体之间的关系网络结构；引入复杂网络的研究视角，构建基于关系网络的演化模型，研判网络舆情的演化规律。

（2）数据分析与理论架构相结合的方法。对调查获得的原始数据进行统计处理，分析和揭示数据所隐蔽的深层原因，为科学合理地对世界大运会网络舆情的发展趋势进行预测提供佐证；以多学科理论为支撑，对理论与实践的科学性进行综合分析与理论构建。

（3）理论建模与实证研究相结合的方法。针对网络舆情演化过程中的个体交互模式，构建的网络舆情演化模型；通过网络舆情大数据对模型进行实证研究，对网络舆情演化模型进行仿真分析，构建网络舆情演化模型的衡量指标体系以及具体指数，并在此基础上，提出相关方案和建议对策。

1.5　研究的重点与创新点

（1）本课题技术重点难点在于如何尽可能准确地模拟微观层面的个体行为。同时，如何从微观层面的个体行为中揭示它们所导致的宏观社会现象的涌现机制，研究网络不同主体交互作用对网络舆情产生的深刻影响也是本课题研究的技术关键。该研究是否系统、科学，数据的获取度是否真实有效，个体行为假设的合理性等都直接影响到课题的最终成果。

（2）本研究的最终成果，能够为体育大型赛事网络舆情引导与治理方面提供一定程度上的指导和帮助；能够为我国体育事业的当前发展提供理论参考和实践应用的价值程度是本课题的难点所在。

第二章 相关概念界定与理论基础

2.1 概念界定

2.1.1 舆情

舆情研究在我国是一个新兴的研究领域，相对于西方，我国的舆情研究起步较晚，虽然我国古代重视民意，但国内真正开始对舆情，尤其是网络舆情进行重视和研究是在2003年[①]。"舆情"一词最早出现在唐朝，"格论思名士，舆情渴直臣"表达了百姓渴望出现政治忠臣的愿望，清代也曾出现，古代的"舆情"除了指民众的情绪外，还有"民心""民欲""民本""民隐"等较为相近的意思。进入20世纪后，在《新华字典》中解释为"社情民意"，2000年，天津社会科学院成立第一家"舆情"研究所，2003年，王来华在《舆情研究概论》中正式提出。目前学者对于舆情的定义存在以下几种代表见解："舆情"一词早在古代就有出现，随着社会不断发展变革，舆情的定义也在不断完善，前人对舆情概念界定有狭义和广义之分。王来华认为，舆情是指在一定的社会空间内围绕中介性社会事项的发展和变化，作为

---

① 郭苏琳. 区块链环境下网络舆情传播及风险管理研究［D］. 吉林大学，2020.

舆情主体的民众对国家管理者产生和持有的社会政治态度①，这是狭义的理解。广义上张克生认为，舆情指国家管理者在决策活动中所必然涉及的关乎民众利益的民众生活（民情）、社会生产（民力）、民众中蕴涵的知识和智力（民智）等社会客观情况以及民众在认知、情感和意志的基础上对社会客观情况以及国家决策产生的主观社会政治态度（民意）②。简而言之，舆情就是指民众的全部生活状况、社会环境和民众的主观意愿，也就是通常所说的"社情民意"③。通过狭义和广义舆情概念的比较，作为民众社会政治态度的狭义舆情是作为"社情民意"的广义舆情的一个重要组成部分。美国舆情学奠基人沃尔特·李普曼在其著作《舆情学》中写到，"舆情基本上就是对一些事实从道义上加以解释和经过整理的一种看法"④。还有学者指出：所谓舆情，实际上就是大众密切关心的热点话题，或反映了某些社会心理的观点与看法，其较高层次是思潮，基本层次是情绪，大众传媒对此应有足够的敏感，并以恰当的方式进行舆论引导，减少震荡⑤。舆情即民意情况，涉及公众对社会生活巾各个方面的问题尤其是热点问题的公开意见（外露的部分）或情绪反应（既可能外露又可能不外露的部分）。王建龙⑥认为，社会舆情，是一定时期、一定范围的群众对社会现实的主观反映，是群体性构思

---

① 王来华. 舆情研究概论：理论、方法和现实热点［M］. 天津：天津社会科学院出版社，2003：5-8.

② 许鑫，章成志，李雯静. 国内网络舆情研究的回顾与展望［J］. 情报理论与实践，2009，32（03）：115-120.

③ 张克生. 国家决策：机制与舆情［M］. 天津：天津社会科学院出版，2004：17-19.

④ 卢山，姚翠友. 网络舆情的影响力及应对策略的研究［J］. 电子商务，2011（01）：49.

⑤ 丁柏铨. 略论舆情——兼及它与舆论，新闻的关系［J］. 新闻记者，2007（06）.

⑥ 王建龙. 把握社会舆情［J］. 瞭望，2002：20.

想、心理、情绪、意见和要求的综合表现。是社会发展状况的温度计和晴雨表。它源于社会现实，具有相对独立性，有自身产生、发展、传播、变化的规律。社会舆情一旦产生，就具有波状扩散的传播特性，具有同类群体叠加反复、快速扩散的传播特点。社会舆情的涨落变化与社会矛盾运动相对应，不同群体既因各不相同的矛盾产生不同的舆情，又因不同时期矛盾的转变交替导致不同舆情的消长。该定义认为，舆情是指处于不同历史阶段的社会群体对某些社会现实和现象的主观反映，是群体性的意识、思想、意见和要求等的综合表现[1]。但以上定义都没有指出舆情区别于舆论的一般特征。刘毅在《网络舆情研究概论》中提出一个新定义：舆情是由个人以及各种社会群体构成的公众，在一定的历史阶段和社会空间内，对自己关心或与自身利益紧密相关的各种公共事务所持有的多种情绪、意愿、态度和意见交错的总和[2]。将舆情的基本含义定义为民众的情绪，意愿，态度和意见等，并归纳了网络舆情的自由性可控性、交互性即时性、隐匿性外线性、情绪化非理性、丰富性多元性、个性化群力极化性等特点[3]。

舆情是在一定历史时期，一定社会空间内，民众通过各类传播载体对公众事物或自身利益相关的个人事务所表达的具有群体性的情绪、意愿、态度、意见的总和[4]。

2.1.2 大数据

"大数据"一词从英语"Big data"直译而来。"大数据"一词首次出现

① 肖燕妮. 网络舆情引导—宣传思想工作的新课题［D］. 南京师范大学，2012.

② 刘毅. 网络舆情研究概论［M］. 天津：天津人民出版社，2007：48-54.

③ 刘毅. 内容分析法在网络舆情信息分析中的应用［J］. 天津大学学报：社会科学版，2006（07）：308-310.

④ 刘钊. 和谐社会背景下的我国网络舆情研究［D］. 武汉纺织大学，2013.

在20世纪90年代末，过去几年已成为信息系统领域的一个热门词汇。"大数据"一词可以被定义如下："大数据象征着构建平台和工具来摄取、存储和分析大量、多样化和可能快速变化的数据的愿望"①。1980年，"大数据"一词在著名未来学家、社会思想家阿尔文·托夫勒在其《第三次浪潮》一书首次提出，1998年*Science*杂志《大数据的管理者》一文正式提到了大数据。但此时的"大数据"主要用来表示数据的量化特征，相当于数据量大的意思②。在专刊中，大数据被定义为"代表着人类认知过程的进步，数据集的规模是无法在可容忍的时间内用目前的技术，方法和理论去获取、管理、处理的数据"③。2008年9月，*Nature*推出"Big Data"专刊，全方位介绍大数据科学概念及其对各个学科研究领域产生的重大影响，大数据由此在学术界和产业界得到热切关注，Gartner公司对大数据的定义为："大数据是高容量、高生成速率、种类繁多的信息价值，同时需要新的处理形式去确保判断的做出、洞察力的发现和处理的优化"④。除此之外，volume、variety、velocity、value被称为大数据的"4V定义"。2011年，麦肯锡公司在其发布的《大数据：创新、竞争和生产力的下一个新前沿》报告中详尽分析了大数据的影响、关键技术与应用领域；*Science*推出数据处理"Dealing with Data"专刊，讨论大数据科学研究的重要性。至此，"大数据"作为一个科学的概念逐渐以相对清晰的面目面世。2012年，联合国发布《大数据白皮书》，正式宣告大数据时

---

① Li GuoJie, Cheng XueQi. *Research status and scientific thinking of big data* [J]. Bulletin of Chinese Academy of Sciences, 2012（06）：647-657.

② 邓晶艳. 基于大数据的大学生日常思想政治教育创新研究 [D]. 贵州师范大学, 2021.

③ 杨咏. 大数据视域下的高校网络社区文化建设策略 [J]. 黑龙江高教研究, 2014（11）：109-112.

④ 杨燕艳，朱春燕，韩业俭. 大数据环境下的信息处理 [J]. 电子技术与软件工程, 2014（23）：213.

代已经到来。2012年3月，美国政府发布《大数据研究和发展计划》，标志着大数据已经提升到了国家战略层次。此后，世界各国政府先后发布大数据战略、投资大数据领域，大数据运用能力成为一个国家综合国力的重要组成部分①。

当前，学界对大数据并未形成明确、统一的定义。由于理解视角和关注点的差异，企业、政府、机构、科研技术人员对大数据均有自己不同的理解阐释。国外学术界对"大数据"展开了广泛的讨论，著名的信息科技研究和分析公司高德纳将大数据定义为一种大规模高速产生的多样化的信息集合，且需要有效的和创新性的形式进行处理，以获得更强的洞察力、决策力和过程的自动化。在此基础之上，又有学者和机构不断进行补充，加入了更多的维度，例如价值性和精确性。除了上述定义以外，还有其他的一些定义也被广为接受，例如，马尼卡等人认为，大数据是一种难以被普通的数据处理软件捕获、储存、管理和分析的大规模数据集②；而博伊德和克劳福德则将大数据定义为一种文化、科技和学术现象，这种现象植根于越来越强大的运算能力、分析能力和对大数据价值的充分信任之上。在国内传播学研究领域，"大数据方法"一词在不少文献中出现，有研究指出当下我们应该具备大数据思维：大数据思维只关注相关性而非因果关系，是一种"思维的革命"；此外，大数据使得样本转变成了"总体"和"全部"，从而避免了传统随机采样方法中的不精确，"大数据技术为总体分析提供了技术支持，所得到的研究结论将更加完善和严整"；大数据时代的来临使得科学研究的关注点从"鸡零狗碎"式的小问题上升到对整个学科发展的宏观趋势，而且"更好的

① 邓晶艳. 基于大数据的大学生日常思想政治教育创新研究［D］. 贵州师范大学，2021.

② 赵曙光，吴璇. 大数据：作为一种方法论的追溯与质疑［J］. 国际新闻界，2020，42（11）：136-153.

数据算法和有效的数据处理法则"的重要性将会超过理论①。涂子沛在《大数据》一书中指出："大数据（Big Data）是指那些大小已经超出了传统意义上的尺度，一般的软件工具难以捕捉、管理和分析的大容量数据，一般以'以太节'为单位。大数据之大，并不仅仅在于容量之大，更大的意义在于通过对海量数据的交换、整合和分析，发现新的知识，创造新的价值，带来'大知识''大科技''大利润'和'大发展'。"

总体而言，国内外学者对大数据的定义大致可以分为以下几个类别：一是侧重数据体量层面，将大数据定义为一种规模巨大的数据集合。这种观点将数据聚焦数据在本体层面，视大数据为一种超越常规工具收集和处理极限的巨量数据集合，因而又称"海量数据"或"巨量数据"。这是关于大数据较早且较为普遍的定义，主要是为有别于"小数据"、统计数据而提出的概念。二是侧重技术应用层面，认为大数据体现为一种从海量数据中挖掘数据价值的技术能力。三是侧重数据价值层面，视大数据为"大发现""大价值"。此观点认为，体量只是大数据的表象，通过对大数据的挖掘分析发现其中蕴含的知识与规律，产生强大的决策力、洞察力才是大数据的核心所在。四是从哲学层面分析大数据本质，认为大数据是一种价值观、思维方式与方法论。五是视大数据为综合性、整体性概念。此观点认为，大数据是数据集、技术、价值与思维方法等其中两种及两种以上维度的综合体②。

2.1.3 网络舆情

由于语言表达方式的不同，国内外学者对于网络舆情的定义有所不

① 赵曙光，吴璇. 大数据：作为一种方法论的追溯与质疑［J］. 国际新闻界，2020，42（11）：136-153.

② 邓晶艳. 基于大数据的大学生日常思想政治教育创新研究［D］. 贵州师范大学，2021.

同①。"舆情"在国内外的译法也有所不同，国内学者最初将网络舆情与国内的政治事件联系起来，国外学者对于网络舆情的定义与国内比较相近的有"public opinion""Network public sentiment"，主要是渲染大众对热点事件的主流观点与情感，不局限于敏感事项②。网络舆情是互联网发展到一定阶段的产物，有学者对网络舆情的概念做如下归结，即是通过互联网表达和传播的，公众对自己关心或与自身利益紧密相关的各种公共事务所持有的多种情绪、态度和意见交错的总和。网络舆情是指网络中的各类媒体平台中传播的对社会问题的舆论，是通过互联网传播的公众对生活中热点事件或问题所持有的含有倾向性的言论与观点，是社会舆论的一种新的表现形式。网络舆情是公众对现实世界中问题所产生的舆论在互联网中的映射，网络舆情具有直接性、随意性、突发性、隐蔽性以及偏差性等特点③，对于网络舆情的构成要素，通常采用主体、客体、本体、载体的解构方式，成为网络舆情构成要素的理论依据。有学者认为，网络舆情是网民在一定时间内通过因特网对所关注的社会热点问题表达传播的不同情感、态度、情绪、观念、意愿等交织的总和④。网络舆情是在网络这种特定环境中形成或体现的舆情，围绕中介性社会事项的发生、演化、衍变，不论是在思想上，情感上还是道德上等各个方面网民所持有的态度⑤。刘毅⑥指出，网络舆情就是通过互联网表达和

① 赵江元. 微博舆情观点团簇形成机理与演化态势感知研究［D］. 吉林大学，2021.

② 卡尔·霍夫兰. 传播与劝服［M］. 张建中，李雪晴，曾苑译. 北京：中国人民大学出版社，2015

③ 王晓晖. 舆情信息汇集分析机制研究［M］. 北京：学习出版社，2006：1

④ 史波. 公共危机事件网络舆情内在演变机理研究［J］. 情报杂志，2010，29（04）：41-45.

⑤ 丁柏铨. 论网络舆情［J］. 新闻记者，2010（03）：4-8

⑥ 刘毅. 网络舆情研究概论［M］. 天津：天津出版社，2007：53.

传播的各种不同情绪、意愿、态度和意见交错的总和；张一文[①]则认为，网络舆情是由于各种事件的刺激而产生的通过互联网传播的人们对于该事件的所有认知、态度、情感和行为倾向的集合；李昌祖[②]认为，网络舆情是指在一定的互联网空间内，围绕中介性社会事项的发生、发展和变化，作为舆情主体的民众对国家管理者产生和持有的社会政治态度；孙玲芳[③]认为，网络舆情就是公众通过新闻、评论、发帖、微博等网络平台为载体表达的，对于与自身利益相关或感兴趣的各种事项的所有态度、意见、情绪和行为倾向的集合；王连喜[④]认为，网络舆情是网民以网络媒介平台为载体，针对特定关注对象所产生的所有看法、认知、态度、意见、情感、思想、意愿、心理、观点等具有倾向性意识形态的网络表达、互动等活动的集合。

网络舆情是指在一定时间、空间范围内，个人、组织或者群体所构成的民众主体围绕自己关心或者与自身利益相关的社会事件、话题、热点等的出现、发展和变化通过网络空间所呈现的多种情绪、观点、意见和态度的表达。网络舆情一般直接将个人观点和看法以多种形式呈现在网络上，是网民意见和观点的集中体现，是舆情的重要组成部分。网络舆情主要以图形形象、文字、音频、视频、动画等形式通过媒体、载体等传播介质展现出来。曾润喜[⑤]指出，网络舆情是网民在社会冲突、热点问题、社会安全等社会公共

① 张一文. 突发性公共危机事件与网络舆情作用机制研究［D］. 北京邮电大学，2012.

② 李昌祖，张洪生. 网络舆情的概念解析［J］. 现代传播（中国传媒大学学报），2010（09）：139-140.

③ 孙玲芳，周加波，徐会，侯志鲁，许锋. 网络舆情危机的概念辨析及指标设定［J］. 现代情报，2014，34（11）：25-28+43.

④ 王连喜. 网络舆情领域相关概念分布及其关系辨析［J］. 现代情报，2019，39（06）：132-141.

⑤ 曾润喜. 网络舆情管控工作机制研究［J］. 图书情报工作，2009，53（18）：79-82.

事件刺激情形下，通过在线社会网络平台传播的、反映网民对该事件所有认知、情感、态度和行为倾向的集合。国外相关研究中并没有明确的符合我国意义上的网络舆情的研究。相比较国外相关研究，我国研究对网络舆情的界定更倾向于凸现公众态度与社会问题之间的矛盾。网络舆情并不同于民意，民意是多数人的共同观点，强调观点的共性，而网络舆情则是不同观点的集合。

2.1.4　网络舆情演化

演化起初为生物学研究中的概念，是指生物物种因时间空间的嬗变而在遗传性状上产生不同于祖先的迹象，演化没有设定好的方向进程，也没有原先计划好的目标，演化的过程可能导致复杂性增加，也可能减少复杂性或者维持不变。公众舆论可以反映公众对某些政策的态度，并能影响普通人的行为选择。而互联网加剧了公众舆论的传播和演变，甚至导致了一些群众暴力事件。这已经引起了许多学科学者的广泛关注。在网络舆情演化的过程中如何预测和指导公众舆论，防止公众信任崩溃，保持社会稳定发展已成为传播科学、社会学、复杂系统和统计物理学等领域的研究热点。网络舆情演化是演化发展中演化一词被运用到各学科中的结果，目的在于解释网络舆情的运作机制与发展过程。国内外不同学者也对网络舆情的演化内涵进行了界定，周耀明[1]等认为，网络舆情演化是网民对某一时间所持有的认知、态度、情感和行为倾向的变化过程。朱恒民[2]认为，互联网舆情的演化是指随着时间的

① 周耀明，王波，张慧成. 基于Emd的网络舆情演化分析与建模方法［J］. 计算机工程，2012（21）：5-9.
② 朱恒民，苏新宁，张相斌. 互联网舆情演化的动态网络模型研究［J］. 情报理论与实践，2010（10）：75-78.

推进，网民的持续关注和热烈讨论，玩过舆情的变化态势。陈福集①认为网络舆情演化是经由潜伏期，活跃期，衰减期三个阶段的网络舆情观点形成过程，罗成琳②等认为，网络舆情演化是各种因素和指标交互作用下的突发事件发展的非线性过程。针对网络舆情演化的研究范畴分类，主要包含舆情生命周期、舆情观点聚合、舆情信息扩散三个方面。为了分析舆论演化的动态过程，克服在线数据获取的困难，许多研究基于计算机模拟探索了舆论的形成和舆论的演化，尤其是观点动力学的建模和仿真在研究领域已经非常流行。

2.1.5 体育赛事网络舆情

体育赛事的网络舆情具有其他网络舆情的普遍特征，但也有其自身的独特性。体育赛事是一种跨越种族，跨越时间，跨越地域的全球共享的媒介文化，网络媒体的快速发展使赛事进程可以同步直播，信息传播的便捷性使全球网民可以实时讨论赛事的最新进展，因此，体育赛事的网络舆情情感汇集速度更快，尽管体育赛事可以跨越种族，跨越地域，但毕竟作为比赛，比赛的成败也是影响网络舆情的一个重要部分，在赛事舆情快速聚合快速扩散的过程中，若在全球范围内分析各国家的体育赛事网络舆情，可以发现网络信息在聚合的过程中具有明显的族群意识，通过网民对于不同国别的态度稍有不同也可以证实其内在的差异性，但总体而言，体育赛事的网络舆情还是更多以积极包容的情绪为主，具有很强的社会性。东京奥运会、北京冬奥会、杭州世运会以及成都大运会等大型体育比赛相继开展；三亿人上冰雪、全民健身、体教融合等政策的颁布；国民健身意识增强，体育活动在我们日常生

---

① 陈福集，李林斌. G（Galam）模型在网络舆情演化中的应用［J］. 计算机应用，2011（12）：3411-3413.

② 罗成琳，李向阳.突发性群体事件及其演化机理分析［J］. 中国软科学，2009（6）：163-171+177.

活中开始逐渐占有重要作用，奥运会大运会等热门的体育赛事的受众日益增多，体育赛事相较于早期更易产生网络舆情。

在大型体育比赛中，民族自豪感国家荣誉的表征较为明显，如"中国""韩国""美国""日本"等国家名称具有较高的词频；"决赛""金牌""晋级"等一系列与赛事输赢相关的词汇也出现较高的频率，与中国队夺金相关的话题更是一度站在榜首；体育赛事的网络舆情除了聚集在比赛过程中外，赛后对于明星运动员的衍生报道也是体育赛事舆情再聚合再扩散的一个部分。"苏炳添""马龙""中国女排""羽生结玄""谷爱凌"等热门实力选手在奥运会中有鲜明的个人特色深受观众喜爱，"谷爱凌是小说女主吧""谷爱凌的人生爽文女主都不敢这么写"等话题引起较强的讨论，跳水新晋小将"全红婵""张家齐"等也在整个东京奥运会话题度中居高不下，全红婵"爱吃辣条""练习跳水令人心疼""全红婵的家乡"等话题也一度登上话题榜。再如北京冬奥会中吉祥物"冰墩墩"凭借憨厚可爱萌趣的形象顺利出圈，"一墩难求"成为网民讨论的一大话题。在网络信息碎片化的时代，网络信息的不完整表达或者片面表达都会在现实中带来很多麻烦，网络舆情的不断发酵也会对社会和当事人产生伤害，网民理论思考，社会加强监督才能弥补碎片化带来的不足。

2.2 理论基础

2.2.1 香农信息论基础

（1）香农信息论

传播学中对"信息"一词的正式定义来自于香农的信息论。早期的传播学研究是在心理学、社会学、人类学等不同的学科的基础上发展起来的，这也致使传播学一直没有发展为主流学科，混迹在边缘学科的队列中，因此传播学的理论也多是在其他学科的理论基础上建立起来，20世纪中期，传播学逐渐走向正式化。香农对"信息"概念的阐述与改变使得具有模糊抽象性的"信息"一词脱离一般陈述的语句意义，在传播技术思想的发展史上发挥了关键性作用，香农对于信息论的诠释也在传播学领域内被认可，成为信息的基本定义[①]。

1948年克劳德·香农首次在《贝尔系统技术杂志》上发表的文章《传播的数学理论》中提出"信息论"的概念，在文章中，香农首次从理论上阐明了信源、信宿、信道和编码等问题，创立了通信系统模式，并以精确的数学概念提出了信息量的计算公式，学界在对香农信息论进行讨论时，多以"信息是消除了的不确定性"为定论，其中的"不确定性"正是香农信息论中提出的另一个概念，即"信息熵"，信息熵是对不确定信息的一个度量，也是香农信息论中的一个重要的基础的概念，信息熵也是香农信息论中的对于信息数量的一个计量方式，通过信息熵的方式对抽象的信息进行了诠释，香农也正是通过对不确定性的度量来度量信息量。以纯粹的数学知识与理解方式对信息的发生，以及传播过程中的原理进行阐释，形成以信息熵、噪音、冗余、反馈等核心概念构成的信息技术传播理论，即信息论。信息论是研究信息的本质、并运用数学的方法研究信息的计量、传输、转换和存储的一门学科。信息论方法就是运用信息观点的方法，把研究的客体视为信息的获取、转换、处理、反馈而重视目的性运动的过程，以此达到对复杂运动过程的规律性认识。

信息论经历了漫长的发展阶段，信息论的出现为现代科学提供了一种新

---

① 叶梦颖. 信息概念的再诠释：论布鲁塞尔学派耗散结构理论对香农信息论的补充与发展［D］. 暨南大学，2020.

的认识工具，并逐渐渗透到新的领域，香农的信息论建立在1922年卡松提出的边常理论和1928年哈特莱对于信息与消息的界定的基础上，信息论的创立经历了消化期和发展期，20世纪50年代，人们试图用信息的概念方法来解决学科所面临的问题，20世纪60年代，信息论的研究重点转移到信息和信源的编码，确定了熵的定义，并将信息论运用发展到生物学、神经生物学、信息论的概念开始明确起来，起初，香农将传播过程中如信息的含义、真实性、价值、受众特征等具有主观价值判断的成分舍弃，使信息研究体现出纯客观性，即起初信息论模式不适用于人类传播，只是针对改进电子干扰或噪音影响的电报或者电话线上的信息传递，以最简单的形式表达一种线性的，从左到右的传播概念，即SMCR，这种传播模式揭示了传播系统的内在结构和相互联系，确定了传播过程的整体性、综合性和有序性，后来经过不断的发展，20世纪70年代，通信技术和科技技术的出现，信息论、信息过程论、信息仪式论、信息经济论等各种观点开始出现，此时信息论已经发展到需要重新建立自己的理论的程度①。在香农信息论的基础上，强调信息的选择，抽绎和传递，突出了反馈的多样性和调节功能。在香农仅限于工程传播或技术传播的基础上，增加了一个个体解释一个信息的意义。在传播符号如何准确发射这种技术问题的基础上，引出了语义学问题（被发射的符号如何准确的传递意图中的意义？）和效果或行为问题（被接受的意义如何有效的以意图中的方式影响行为？）从一层次论发展为三层次论。

信息论把编码—译码、调制—译码作为信息变换与转换的路径，编码—译码是信码之间的符号转换，调制—译码是用于信息传递，接收的手段。所谓编码，就是把信息转化为适合于传播和保存，便于信息接收者接纳和理解的各种符号调制手段，比如语言、文学、图像的具体呈现形式，它是信源提

---

① 梅琼林. 克劳德·香农的信息论方法及其对传播学的贡献［J］. 九江学院学报，2007（06）：1-5.

供者"信息符号化的过程"①。所谓译码，就是信息接收者把接收到的信息符号重新还原为信息，在信息论中，把信息用来消除"不确定性"的，即度量信息，信息数量的大小用消除"不确定性"的多少表示，而"不确定性"的多少，则用函数概念表示，香农的信息论引入了确切的数学概念——信息量。香农的信息论在最开始建立的时候，他试图用信息的度量来表示一件事物"选择的可能性"和选择结果的不确定性，以及用这个度量来表示这个选择行为所具有的量值。香农把信源发出的信息看成是一种概率事件，将信源生产信息看成一个随机事件，将信源可能发出的一切信息n（随机事件集）和每一种发出信号出现的概率Pi（i=1，2，3……n）（即随机事件的概率分布）组成一个概率空间，即形成信源发出的不确定性度量函数——信息熵②。

H = $-k \sum N_{i-1} P_i \log P_i$（比特／每个信息）

H表示每个讯息的平均信息量，k表示玻尔兹曼常数，Pi表示先验概率；比特以z为底的对数时信息单位，即信息量等于可能性萱萼的概率的对数。在所有发生信号的可能性都不相等的情况下对信源不确定性的度量是信息熵的一般定义。假设所有信号出现的可能性都相等，则此时的信息熵是非等可能信号事件信息熵的特例，同时通过统计运算发现此时的信息熵H与玻尔兹曼熵S具有等同的形式，表明玻尔兹曼统计物理熵公式是香农信息熵公式在等概情况下的特例。

信息所涉及的"不全在于你说什么，更在于你能说什么"，对信息的理解从一个全新的热力学的"熵"开始理解，熵即无规则，或者说情景中组织的缺乏，一个完全的熵的情景是无法预测的③。"熵"源于物理学领域。

---

① 吴文虎. 传播学概论［M］. 武汉：武汉大学出版社，2000：172.

② 刘俭云. 对香农定理与传播学理论构建关联的再讨论［J］. 电化教育研究，2009（05）：30-33.

③ 李苓. 信息论的基本内容与传播方式［J］. 重庆社会科学，2008（09）：4.

德国物理学家和数学家克劳修斯（R.J.E.Clausius）在提出热力学第二定律的定量表述的过程中，发现了可以预期存在一个态函数S，以"entropie"（英文entropy）作为对S的命名。1923年，物理学家胡刚复教授所创造的新汉字"熵"成为"entropy"的中文翻译。克劳修斯所定义的作为宏观描述量的态函数熵是用来判断过程的性质和方向的。宏观量不能对细节做出区分，只有微观量才能描述粒子微观细节。微观量所体现的状态，称为微观态。"一个宏观态包含大量微观态。微观态的出现是一个随机事件，处理随机事件的数学方法是概率论。"1887年，奥地利物理学家玻尔兹曼（L.E.Boltzmann）从统计力学的角度着手，通过运用概率工具对熵做出统计解释。玻尔兹曼就此将熵的意义拓展至微观层面和统计层面，将宏观熵量和微观状态数目联系在一起[①]。香农信息量的公式给信息的定量化研究提供了科学的方法，用信息量的概念来研究传播效果就是用信息论中的"熵"这种度量，来描述研究对象的不确定程度，"熵"的增多和减少标志不确定程度的增多或减少。熵越多，组织和可预测性就越少，不确定性就越多。信息论认为，信息是对环境中不确定性或熵的预测，不确定性越大，可能信息量就越大。信息就是为了减少环境中的不确定性所需要的信号数量。信息论中其他重要的构成部分还有"冗余"和"噪音"。"冗余"是环境中"可预测性"的东西，相对于熵而言，是对确定性的预测，信息中的确定，非选择的部分则为"冗余"，"冗余"部分的存在与否不影响信息的完整性，对于受众在接收缺失信息时可以自己弥补的信息称为"冗余信息"，"冗余信息"也可以用来抵消传播通道中的"噪音"，"噪音"是一切传播本意外增加的信息量，而冗余部分的信息量正好用来抵消各种噪音的干扰。当噪音出现，受众就会利用经验，即冗余信息自动纠正噪音，当噪音越来越多，尤其是来自外界的对抗性言论越来越多时，受众就越注意主渠道中被强调或重复的信息中的关键信息（即

---

① 陈宜生，刘书声. 谈谈熵［M］. 长沙：湖南教育出版社，1996：62-63.

冗余信息），这样社会文化规定得以形成与巩固。网络舆情研究的价值就在于及时提供"变动中的事实"，以满足公众排除环境中的不确定因素的信息需求，当情景是完全可以预测时，就无所谓信息了，越能预测和控制的情景就越没有信息。

香农认为，信息论中，通讯只解决工程问题，只是为工程应用而建立的一个模型，其中不包含语义问题，不包含语义问题这也是他在解决通讯问题时添加的一个严谨的前提，因而避开了主观的人类传播的意义的问题，在人类信息传输的过程中，不包含语义信息的传输实质是一种对于具有社会价值和属性的人在传播研究中的地位和作用的回避，即缺乏思维与人类意识的研究。将信息与信息包含的意义分离，并将信息发送行为的可能性限制在一个可以选择的范围，并在信息的接受段也做出同样的规定，仅描述最简单状况下的不确定性。在科学符号与计量标准无法完美的解释人类文化信息的传播过程中呈现的丰富的文化内涵时，语义信息论，效用信息论等后香农时代的传播学研究不断更新，以及霍尔的编码解码理论等众多在香农信息论上演化出来的理论的发展使传播过程的解释更加趋向于合理化。香农定理C=Hlog2（1+S/N），在这个公式中，提到了信燥比、信道容量、带宽等核心概念。信噪比指网络传输时受到干扰的程度，信噪比与传输速率有关，信噪比大了会影响传输速度。信道容量指信道所能承受的最大数据传输率，信道容量受信道的带宽限制，信道带宽越远，一定时间内信道上传输的信息就越多，带宽指物力信道的频带宽度，就是信道允许的最高频率和最低频率之差。[①]霍尔在1973年发表的《电视话语的编码与解码》一文，将电视话语的生产与流通分为三个阶段，即"编码""成品""解码"三个阶段，从另一个角度观察，假设被发射的符号准确地传递了编码者意图中的意义，但该意义已经加

---

① 刘俭云. 对香农定力与传播学理论构建关联的再讨论［J］. 电化教育研究，2009（05）：30-33.

入了编码者主观的判断和观点，即使机器和机器所发射的符号在技术上无懈可击，依然存在编码者意图中的意义，进入大众传播领域后，有被拒绝和修正的可能。在解码过程中，即反映传播效果或行为的过程中，传播符号既然进入大众人群，传者与受者的互动便开始了。互动涉及社会的各色人群，这些人群之间的关系、背景、素养等是需要分层的，分层决定了对符号传播的话语意义不同的认识立场。由此，最小化的对立码成了符号意义在传播运动中是否被消费的标准。可以认为的是：从香农定理到编码与解码理论，已经建立起了现代传播学理论的框架和模型，并基本解决了信息在传播过程中的定量和定性问题。但在数据背景下显现出来的信息传播问题，已经在信息传播的过程中极大地突破了现有传播学理论的边界。

最近的新媒体学术经常将维纳和香农的开创性贡献的两个核心概念合并：即信息和交流的概念。"信息论"的错误名称不幸地包含了香农和维农的理论，主要关注信息本身的暗示性。然而，他们工作的中心焦点根本不是信息，而是交流。当然，这两位作家都概念化了信息。但这些概念与其说是全面的信息理论，而是信息的有限技术模型，旨在解决通信理论中固有的问题。如果信息论完全是一种信息论，那么它就只是是一种仅用于有限的交流目的的信息论。这一点可以从香农和维纳如何展示他们自己的作品中得到了解。维纳（1961）的标题清楚地讲述了这个故事：控制论，或在动物和机器中的控制和交流。在随后的书中，他试图普及控制论，他认为，"社会只有通过对属于它的信息和交流设施的研究来理解社会"①。在他的整个工作中，在一个又一个领域中，维纳清楚地指出，信息应该被解释为交流的一种功能，作为一种"交换的内容"，而不是作为其本身的一种功能或操作（1988：17）。这种信息流的观点在本书探讨体育赛事网络舆情演化研究中

---

① N. 维纳著. 控制论（或关于在动物和机器中控制和通讯的科学）［M］. 北京：科学出版社，1962：2-30.

具有重要的理论指导意义。香农的理论的一个备受争议的特点是，他坚持认为，"沟通的语义方面与沟通的工程问题无关"。他解释说，最重要的是可以传达的信息的统计性质，他指出，"实际的消息是从一组可能的消息中选择的"，或者正如他在后来的技术论文中所说，"信息才存在"。在每一个例子中总是相关的是，要传达的信息是从一个可能的信息范围中选择的，也就是说，传达的信息总是n个可能信息中的1（其中n大于1）。任何只能发送一个信号（例如，一个连续的音调）的实体都是一个不需要、甚至甚至无法进行通信的实体。正如香农所说："如果一个源只能产生一个特定的消息，那么它的熵[信息量]为零，并且不需要通道。"①他的观点的这一特点澄清了香农对信息的关注只延伸到设计一种信息量的可能性，以便有效地编码作为通信系统的一部分。

对受众来说，预测复杂情境的结果比预测简单情境的结果需要更多的事实。正如施拉姆所言，人们从大多数传播所谋求的信息是那种将有助于他们构成或组织他们的环境某些方面的内容，而这些方面与某种他们必须采用行动的局面是有关的。另一方面，人们获得信息，就是为了消除某些不确定性，使自己的认识从无序到有序。获得的信息越多，人们的有序程度就越增加。对于互联网而言，在信息传播过程中，随着"不确定性的东西的减少"，信息的价值量就不断增值。而网络，在制造大量消除受信者随机不确定性的东西的同时又在不断增加这种不确定性，正如奈斯比特在《大趋势》所言："失去控制和无组织的信息在信息社会里不再构成资源，相反，它成为信息工作者的敌人。"②

---

① C E Shannon.*A mathematical theory of communication* ［J］. Bell System Technical Journal，1948，27（03）：394.

② 孙静. 克劳德·香农信息论及其现实意义 ［J］. 青年记者，2012（03）：42-43.

（2）香农信息论局限性

香农信息论开创之初以"通信的数学理论"为主要内容，将研究的问题侧重在怎样用数理的方法对信息达到传输的效果，开创之初并不适用于社会科学中具有普适性的理论中，因此，将香农信息论本身具有一定的局限性，将其运用到网络舆情的研究中时同样存在一些局限。

首先，就信息的定义而言，信息是消除不确定性的确定的事物。一方面，"香农给出的条件熵公式包含了不同的条件下的概率值，所以，它不是对单个条件下不确定性的度量，而是对多个条件下的平均不确定性的度量。"即信息对不同事件消除的随机不确定性与否、消除的程度都不同，只有对信息自身任何时候才可能消除不确定性。这里信息对不确定性的消除是从平均意义上来描述的，同时也是从通讯的狭义角度说的。另一方面，在通信领域中，信息的内容一般是确定的，所以，仅从信息功能角度来定义的"信息"可以适用。但在大多数传播的情况下，信息内容本身也未必是确定的，即其自身也带有不确定性。

其次，对于信息的定量方法而言，香农信息论针对的是具体的通信领域的信息的量化，是对于某个特殊领域的技术问题所提出的解决方案，而且其对信息的定量描述是建立在先验概率的基础之上的，这就使得研究需要有规定的数学前提，即信源输出信号的过程具有概率分布的特征。"信源发出可能消息的随机序列的先验概率无法确定，或事件的发生是不可重复时，信源的信息量是无法计算的。"[①]同时香农的信息量是针对信源本身不确定性的度量，而不是信宿接收信息后对于信宿的概率分布。除此之外，香农以先验概率与后验概率变化量定义信息量，这在通讯领域中并不会引起问题，但实际上先验和后验概率则可能带来许多情况。

---

① C E Shannon. *A mathematical theory of communication* ［J］. Bell System Technical Journal, 1948, 27（03）: 394.

再次，就信息内容而言，信息必然包含意义，即语义信息。在香农对信息编码过程的阐述中，一组可能的字符是必要的，但每个字符具体的含义却不是必要的，即不考虑字符的内涵。他所诠释的信息只是无意义的代码，这个信息的组成要素可以是字符，也可以是像素，使一个又一个被选择的字符成为一条完整而具有意义的信息依靠的是编码的规则。但是，具有同样信息量的信息也可能存在意义完全不同的情况。最后，对于信宿而言，香农信息论中先验地假定，任何信息对于任何信宿具有等价的作用和价值，是一个不变的常数。然而在实际传播事件中，同一条信息都可能会因为信宿、时间等因素的差异而存在不同的效果和价值，信宿的解码选择也视其自身所处的情境和需求而有不同，同时，如果信息本身包含不确定性，接收信息的信宿也可能存在不确定性增加的情况。香农只解决了关于信息的统计的问题而不考虑信息的语用和语效因素，是对香农信息概念局限性讨论的最主要观点[①]。

学科之间互相交叉，互相渗透早已是科学知识发展整体化的一个趋势和表现形式。信息论、控制论、系统论这些原本属于自然学科的研究范式，在社会科学的诸多学科的理论建设下，完成了学科交叉汇总。在传播学领域，信息论方法区别于传统的研究方法的主要特征在于将系统的运动过程抽象为一个信息变换过程，不必对系统的整体结构加以剖析，而仅从信息流程，从整体观念出发，对其各部的内在联系加以综合考察，以揭示科学对象的本质属性。

2.2.2 信息传播及网络信息传播

（1）信息传播理论

从古至今，信息传播在人类社会交流活动中都至关重要。在信息传播

---

① 叶梦颖. 信息概念的再诠释：论布鲁塞尔学派耗散结构理论对香农信息论的补充与发展［D］. 暨南大学，2020.

的过程中组成了复杂的人际关系网络，人类社会中的社会关系和社会生产都基于信息传播进行。信息具有明确的指向性，即信息在被需要的位置和在被需要的时间中才具有实际的价值，因此，信息只有通过两个或多个行为主体之间的信息内容的传递与交流才具有意义。信息传播指的是信息从信源出发流经信道流向信宿的过程。信息传播理论是指信息生产、传播、接受的一个基础性学科理论，信息传播理论简单诠释了信息传播中的主要构成要素以及信息传播过程要素额一个过程。信息传播的奠基人拉斯韦尔和马莱茨克认为，信息传播的过程包括信息传播者（who）、接受者（to whom）、信息（say what）、媒介（in which channel）及反馈（with what effect）。在信息传播过程中，主要有信源、信宿、信道、信息等几个关键性要素，因此，传播效果的好坏是由传播者、受传者、传播渠道、传播环境的不同而产生不同的影响。传播者作为信息的主要发起者，在信息传播的过程中具有绝对的主动权，因此，对传播效果的影响显著。信息传播从时间上看具有时间的特性即单向性与不可逆转性，即使在信息传输的过程中被传播者将信息再传播给传播者，传播的内容与信息会有所不同，双向传播同一种内容毫无意义，也无法同时达成。再比如，A将信息传播给B，B又将信息传播给A，是两种不同的信息流向。学者在信息传播的过程中也逐渐衍生出多种传播模式，如香农的信息传播论认为，信息传播过程包括信源、发射器、信道、接收器、接受者及噪音这些因素，且传播过程为单向传播。德弗勒则在香农－韦弗模式基础上提出了信息传播互动过程理论，该理论突出强调传播过程的双向性，信息接受者同时也是信息传递者，主要是在机器之间通信①。除此之外，信息传播模式还有施拉姆模式、维克利S－C－R模式、两级传播模式、德弗勒模式、克莱恩模式、波纹中心模式等，这些传播模式都基于信息生产、传播、

---

① 徐宝达，赵树宽，张健. 基于社会网络分析的微信公众号信息传播研究［J］. 情报杂志，2017，36（01）：120-126.

接收的一个基本过程。施拉姆在1955年通过发表《传播如何得以有效进行》提出了三种模式，其中具有代表性的一种模式认为，信息交流双方需要以编码的形式将信息传递给对方，再通过对信息的接受与反馈完成信息互动，这种传播模式认为，信息传播可以形成一个不断循环信息圈，施拉姆模型反映了信息传播是一个循环往复的过程。英国布雷恩（Brain）和阿林娜（Alina）提出S-C-R模式，在这种模式中，注重人本社会信息的传播，信息传播过程由信息源、信息渠道、信息接受者三个部分组成，这种传播模式中将人文社会中的各个要素互相联系起来。两级传播模式是20世纪40年代由拉扎斯菲尔德提出，这种传播模式将侧重点放在人际传播和大众传播中，并强调意见领袖的重要作用，注重意见领袖在信息传播中的作用。美国M.L.德弗勒在20世纪50年代提出了大众传播双循环模型，在这种传播模式中，将传播过程看作是一种双向的闭环传播模式，突出了信息传播过程中信息传播的双向性，并分析了传播要素之间的相互关系，将接受者与传播者同等看待，而其他因素贯穿在整个传播模式中。B.韦斯特利与M.麦克莱恩提出的信息传播模式中主要包括信息源、信息传送者、信息受众者、信息把关人、信息反馈几个部分，这种传播模式将重点放在把关人与信息本身，注重信息本身的同时，也注重把关人在信息传播过程中的重要作用。波纹中心模型是20世界70年代由美国学者R.E.希伯特提出，这种传播模式强调大众传播与社会、文化之间的关联，注重传播过程的完整性，认为信息是以波纹的形式向外发展，又以波纹的形式反向产生波动，在来回波动的过程中受其他影响因素的影响。

综合分析上述传播模式传播过程中的构成要素主要有以下几个：信息源、信息生产者、信息发送者、信息媒体、信息接收者、信息应用者。信息源的主要以文字图片表情等元素之间的关系规则为表现形式；信息生产者是信息传播的初始来源，是所有信息生产相关的主体；信息发送者是信息传播传递的主体；信息媒介是信息沟通交流中的介质；信息接受者是信息扩散后的受众；信息应用者在对接收到的信息进行分析运用的过程。信息传播过程中自然环境、社会环境、技术环境都对信息传播产生影响。

（2）网络信息传播理论

网络信息传播理论不同专业领域的学者对其有不同的理解和概念界定，网络传播或者信息传播本质上与网络信息传播理论没有区别。不同领域的学者在界定时，都相应的添加了自己学科的理论背景，如新闻传播领域注重新闻传播的网络传播，而信息管理领域探讨的侧重点更偏向网络商务信息、网络科技信息的传播等。学者金镇[①]认为，网络信息传播是人类基于以多媒体、网络、数字化技术为核心的互联网进行的各种信息传递、交流和利用活动。在网络信息传播中，电脑是对各种信息进行输入、处理、储存、组合、复制、输出等智能化操作的平台，是网络信息传播的终端工具。互联网是网络信息的传输和交流的平台，人们通过这个平台可以实现自由、交互、即时、多元、虚拟的信息交流与传递，网络信息传播具有很强的时效性、交互性、动态性、虚拟性、全球性等特征，同时，网络信息传播还具有多媒体功能和超文本功能，信息传播无序性、主体的隐匿性和个性化等特征。在网络舆情产生的过程中，当社会舆情事件发生时，舆情主体在各自的社会关系网络中互相发表自己的观点与意见，在这个互相传播交流的过程中，网络舆情逐步传播开来，网络舆情传播的过程也就是信息传播的过程，相比于传统媒体时代的信息传播，大数据时代的信息传播就更加开放与灵活，网络信息传播过程通过连接两个主体的边不断地进行内容交换，在网络信息传播的过程中，也更加关注信息的传播速度和信息的覆盖范围。

---

① 金镇，毕强. 作为一门学科的网络信息传播［J］. 情报资料工作，2006（03）：5-7+14.

（3）信息生命周期理论

生命周期从广义上讲就是事物出现、成长、衰退、消失的过程，这一术语最早出现在生物学领域。1985年，美国信息资源管理专家霍顿（F.W.Horton）提出信息生命周期理论，指出信息是有生命的，信息生命周期是客观存在的。信息生命周期（Information Life Cycle）是指信息会随着时间的变化呈现一定的生命周期性，是信息运动的自然规律。信息生命周期是从信息出现、变化、运用、直至现实作用消失，最后，当其发挥全部使用价值，或消除或存储或赋予新任务的整个周期[①]。"信息生命周期管理"是1986年首次在《信息趋势：从信息资源中获利》一书中出现。书中将信息生命周期管理中包含信息创建、信息采集、信息组织、信息开发、信息利用、信息清理六个阶段。信息生命周期运动具有整体性、阶段性、变化性等特征。而生命周期理论则是对生命周期的延伸与发展，生命周期理论将事物的发展看作是生物生命周期一般，对研究对象的形成发展消亡看作是一个完整的生命周期，因此，生命周期理论的发展在广义上用于描述自然界与人类社会各种客观事物的阶段性变化及其在不同阶段呈现出的内在特征与运行规律[②]。

生命周期理论早在20世纪初就已经开始运用到各个学科的不同领域，成为用于分析事件发展的经典理论，20世纪30年代希尔（R.Hill）和汉森就将生命周期应用于家庭关系的角色研究中，认为一个家庭从形成到解体是一个不断循环往复的动态过程，个人在家庭生命周期的各个阶段需要扮演不同的家庭角色，以女性为例，在家庭生命周期中，都会经历女儿、妻子、母亲、

---

① 许烨婧. 多媒体网络舆情信息的并发获取机理与话题衍进追踪研究［D］. 吉林大学，2020.

② 陈玉萍. 体育旅游危机事件网络舆情诱发、演化与治理研究［D］. 上海体育学院，2021.

祖母等不同的角色，而且在不同阶段扮演的角色有着不同的责任期待①。20世纪50年代开始，生命周期理论开始应用于心理学、管理学等领域，德国心理学家埃里克森（1950）把人从出生到老年分为8个阶段，并对每个阶段的心理、行为等特征进行了描述，提出了人类生命周期的心理社会理论②；美国学者梅森·海尔（Mason Haire，1959）将生命周期理论引入企业管理领域，认为企业同生物体一样具有不同的周期阶段③；学者雷蒙德·弗农（Raymond Vernon）提出了"产品生命周期理论"的概念，认为产品同生物体一样经历进入期、成长期、饱和期、衰落期四个阶段④。随后美国学者霍顿（1985）和芬克（1986）开始将生命周期理论引入信息传播与公共危机事件的研究中，霍顿认为，信息同样是具有生命和周期的⑤；芬克则将公共危机事件的动态过程直接分为潜伏期、爆发期、延续期、痊愈期四个阶段⑥。随着互联网的不断发展，生命周期理论已经被不少学者运用到网络舆情的研究之中，将网络舆情的发展赋予具体的生命周期，从生命周期的角度诠释解读网络舆情的发展进程，生命周期理论的发展也已经运用到很多领域，任何事件的产生

---

① Rivera J，Hill R B. *The Persistance of the differential Characters of the Eggs，Larvae and Adults in different Generations of A. maculipennis var. atroparvus*［J］. Medicina De Los Paises Calidos，1935.

② 卢勤. 是继承，还是反叛——埃里克森与弗洛伊德人格心理观的比较研究［J］. 西南民族学院学报：哲学社会科学版，2005，23（11）：166-169.

③ Haire. *Biological Models and Empirical Histories of the Growth of Organizations*［J］. 1959.

④ Vernon R. *International investment and international trade in the product cycle*［J］. International Executive，1966，8（04）：16-16.

⑤ W，E，Horton. *Effects of hyperketonemia on mouse embryonic and fetal glucose metabolism in vitro*［J］. Teratology，1985：227.

⑥ 赵岩，王利明，杨菁. 公共危机事件网络舆情生命周期特征分析及对策研究［J］. 经济研究参考，2015（16）：58-70.

发展变化消逝都如同具有生命一般，生命周期理论的不断发展与延伸也对学术界具有重要作用。

体育赛事的进程也如同具有生命一样，体育赛事网络舆情经历了从无到有的过程，并且在体育赛事进行的过程中，体育赛事网络舆情的演变也是不断发展变化的，这个过程和生物体的产生、发展、成熟、衰退的发展历程一致，只是不同事物具有不同的内部特征和发展规律，以至于在发展的过程中每个阶段都有所不同。体育赛事的网络舆情是在体育赛事期间在互联网上的直观体现，随着赛事进程，比赛输赢，赛场状况等不同的情况都有所不同，当然，体育赛事的网络舆情发展并不都是符合生命周期理论，有的赛事网络舆情在发展之初就得到有效的抑制，进而很快得到平息，而有的体育赛事舆情则符合生命周期理论，经过不断地扩散聚合、再扩散、再聚合的过程，经历多个发展阶段最终才走向消亡。另外，在体育赛事的网络舆情治理与应对过程中，也可以运用生命周期理论诠释，面对体育赛事网络舆情的不同阶段，提出不同的解决方式与应对策略。对获取体育事件网络舆情的信息、网络舆情发布者以及网络舆情参与者等的特征和要素，同时分阶段、分周期的对各类相关要素进行深入分析和研究，从而根据体育事件网络舆情不同生命周期阶段的特点和规律提出协同治理的路径。

2.3 传统舆情与网络舆情的差异性

舆情是在一定历史时期，一定社会空间内，民众通过各类传播载体对公众事物或自身利益相关的个人事务所表达的具有群体性的情绪、意愿、态度、意见的总和。网络舆情是网民以网络媒介平台为载体，针对特定关注对象所产生的所有看法、认知、态度、意见、情感、思想、意愿、心理、观点等具有倾向性意识形态的网络表达、互动等活动的集合。

（1）传统舆情与网络舆情的构成要素不同，即两者之间的主体、客体、本体、载体不同。

（2）传统舆情与网络舆情的传播范围和传播方式不同。

（3）传统舆情与网络舆情的观点聚合，信息扩散方式不同。

（4）传统舆情与网络舆情的对策、监管、治理方式不同。

第三章　网络舆情演化相关研究方法与模型

3.1　相关研究方法

在科学技术落后的影响下，早期对于舆情的研究主要依赖于人工收集和统计数据，样本收集艰难，收集到的样本数量有限，并且存在偏差，精确性与准确性都难以保证。在研究方法上也主要集中在定性研究的基础上，难以满足网络舆情研究的描述、预测与演化要求。随着科学技术的发展，舆情的研究不仅开始多学科融合，且在研究方法上也开始使用定量研究等多学科的研究方法。

3.1.1　复杂网络技术（复杂社会网络理论）

人类社会与自然社会中的大量系统都可以以网络的形式展现，根据不同的特征可以将其划分为不同的类别，如社会网络、技术网络、生物网络等。其中社会网络体现了网络社会中个体与个体之间的相互关系，而在社会网络中，又具有很强的复杂性和内在的规律性，因此，社会网络分析中通常需要复杂网络的相关理论与分析方法。复杂网络在现实中有很多体现，社交网络、计算机网络、万维网等都是复杂网络在现实中的具体体现，复杂网络是对现实世界中的复杂系统的抽象刻画。1936年欧拉提出了"哥尼斯堡七桥问题"，他将每个陆地看作是一个节点，将连接两块陆地之间的桥认为是线，因而，在此基础上提出了一个新的理论基础——图论与几何结构，这也成为复杂网络研究的理论基础，一个简单的拓扑图为G=（N，E），其中N表示网络的节点，E表示链接节点的边集。美国康奈尔大学理论与应用力学系沃茨（Watts）与导师斯特罗加茨（Strogatz）在1998年在*Natur*上发表"小世界网络的群集动力学"提出的小世界（Small-World）网络①，即WS模型。1999年巴拉巴西（Barabasi）与艾伯特（Albert）在*Science*上发表"随机网络中标度的涌现"提出的BA无标度（Scales Free）网络②，认为网络上的度分布没有一个特定的平均值指标，而且度的分布也满足幂律分布。因此，称这种度分布满足幂律分布的网络被称为无标度网络，即BA模型。这两篇文章为复杂网络中的小世界网络和无标度网络开创了研究的先河，并在研究中建立网络演化模型与理论。WS模型用来解释现实世界中的小世界网络，小世界网络认为，最多通过六个中间人一个人就能认识任何一个陌生人，该模型以一个概率p将规则网络中的链边重新链接。WS模型可以刻画小世界网络的性质—具有高集聚系数和低平均路径长度特征。学者们发现，真实世界中存在很多的幂律分布现象，例如地震的规模的分布、单词词频的分布、科学家的合作者分布、科学引文的分布等。BA模型解释了无标度特征为什么会广泛出现在蜂窝电话、万维网或在线社区等技术和社会系统中。复杂网络的研究历史大致分为三个阶段：规则网络阶段，随机网络阶段和复杂网络阶段。而小世界网络与无标度特性网络的提出揭示了真实网络结构，从而改变了人们最初认为

---

① Watts D J，Strogatz S H．*Collective dynamics of 'small-world' networks*［J］．Nature，1998.

② BARABÁSI，A，R．*ALBERT.Emergence of scaling in random networks*［J］．science，1999，286（5439）：509-512.

可以用规则网络或随机网络来描述真实复杂系统的认知①。此后，得益于大数据环境，复杂网络成为一门广泛交叉的新兴学科的分析方法。

（1）复杂网络的定义

复杂网络是由许多节点与连接节点的边组成，用网络对实际系统进行抽象描述，节点用来表示真实系统中的每一个个体，边用来表示个体之间的相互关系，当两个节点之间具有某种特定关系时，两个节点连接一条边②。两个节点之间没有关系时，两个节点不连边，有边相连两个节点被认为是相邻的。网络的复杂性主要表现在三个方面：第一，具有复杂的结构，网络中节点的连接方式和连接结构既不是完全规则的，也不是完全随机的，因此在表达自我规律性的同时，可以呈现出许多不同的结构变化；第二，具有复杂的节点，网络中的节点数量巨大且种类多样，表现形式也各有不同，可能为线性行为，也可能为非线性动力学行为；第三，是具有复杂的交叉因素的影响，复杂网络的发展可能受到外界环境的影响，也可能受到自身内部环境的影响，尽管如此，人们通过对复杂网络的研究，依据复杂网络的特征归出复杂网络的拓扑特征，发现表征复杂网络的拓扑参量有很多。拓扑结构是指网络在不依赖于节的连接方式、具体位置以及这些节点之间的相互关系就能表现出复杂网络的结构特性，这种就成为拓扑特性③。拓扑特性中的概念有：网络的平均路径长度、聚集系数和度分布。在绝大多数复杂网络中，基本上都用下面几个主要拓扑参量来描述：度及度分布、度的匹配性、聚集系数、平均路径长度、介数等④。简单来说，复杂网络可以抽象的表示为一个由许

---

① 纪诗奇. 复杂网络环境下舆情演化机理研究［D］. 北京工业大学，2014.

② 席峰. 基于复杂网络理论的无线传感器网络地理路由和信息融合［D］. 南京理工大学，2010.

③ 何敏华. 复杂网络上传播动力学研究［D］. 华中科技大学，2009.

④ 纪诗奇. 复杂网络环境下舆情演化机理研究［D］. 北京工业大学，2014.

多节点和许多边构成的网络图，如果网络中两条边u和v都由边e相连，那么就可以说，u和v互为邻居，如果（u，v）＝（v，u），这种图就被称为无向图，否则被称为有向图，如果两个节点的强弱关系都被一条赋予权值的边表示，那么这类网络就被称为加权网络。在网络中想要判断网络中的任意两个节点是否存在连边情况可以通过邻接矩阵表示。节点的度是指与该顶点相连接的其他节点的数量，度也可以用来描述单个节点的属性。度分布是指度为K的节点数占总节点数的比例，一般若一个网络中节点的度分布比较集中，且都在某个特定的值左右时，这种网络就被称为均匀网路或者是匀质网络，如果网络中节点的度值分布较为分散，并存在度相对较小和相对较大的节点时，这种网络就是异质网络，又称之为非均匀网络；聚集系数描述相互关系出现的概率，反映网络聚集成团的疏密程度；平均路径长度是网络中另一个重要的特征度量，在社会网络中，它是连接网络中任意两个个体之间的平均最短距离；顶点的介数是指在所有最短路径中，经过该点路径的数量，反映了该顶点的影响力；边的介数表示所有最短路径中，经过该边的路径的数量，边的介数反映了该边的重要程度[①]。

（2）复杂网络的特征

演化空间中各行为主体之间的相互作用和舆情传播共同构成了复杂的社会网络系统。在这个社会网络系统中，以传播主体构成了复杂网络的节点，每个节点具有内在的独特性，而这些行为主体对某一社会事件中的舆情表现出"涌现"现象时，网络舆情开始通过节点蔓延，在这个"涌现"的过程中，受到社会拓扑结构及各节点之间的相互作用的影响。舆情扩散过程综合了社会事件信息在各行为主体间的传播和各行为主体对社会事件所持观点的演化，舆情传播过程是从时间和空间的视角研究舆情信息从传播源扩散到一

---

① 纪诗奇. 复杂网络环境下舆情演化机理研究［D］. 北京工业大学，2014.

个较大范围，重点是分析舆情传播的规律和特性；舆情观点演化过程是在网络舆情事件发生后，群体的观点从"无规律性"到"涌现"的演化，在这里可以运用多主体建模的方法对舆情传播进行建模，研究舆情主体对舆情事件所持观点的演化过程[①]。通过研究，学者们发现，复杂网络具有一些既可以单独存在又可以组合存在的特征，这些特征主要有随机网络、无标度网络、小世界网络、超小世界网络等。

1. 小世界特征的网络

1929年F.卡西林（F.Karinthy）提出小世界现象，20世纪60年代，斯坦利·米尔格兰姆教授（Stanley Milgram）通过一个真人信件传递实验证实了小世界现象，沃茨（Watts）与斯特罗加茨（Strogatz）在社会网络、生物网络以及技术网络上研究了网络的特征路径长度，具有小世界特征的网络能够兼具规则最近邻耦合网络的高集聚特性和ER随机图较小的平均路径长度，它能够反应很多真实社会网络的结构特征。真实世界网络的平均最短路径长度较小，而聚集系数相对较大。平均最短路径长度定义为网络中任意一个节点到另一个节点之间的最短路径长度取平均值。

2. 无标度特征的网络

现实中很多网络都是随机的，这些网络中存在少许度相对较高的节点。巴拉巴西（Barabasi）研究认为，万维网的直径很小，但万维网中网页的链接分布和随机图预测的结果不同，每个网页的入度呈不均衡的态势，更加服从幂律分布的特征，幂律分布即在网络中随机选择一个节点，这个节点的度明显与其他节点的平均度不同，网络的度量尺度不再是平均度，也称为无标度，无标度的意义因此也指网络中随机抽取一个节点的度可以显著的不同于

---

① 李丹丹. 社会网络上的舆情传播与观点演化模型研究［D］. 南京航空航天大学，2018.

平均度值。

复杂网络的分析方法已经被运用到各个领域，学者们通过复杂网络传播很好地解释了病毒传播，信息传播，舆情传播等传播现象的基本原理，再结合传播动力学，如在网络舆情预测管控阶段，就可以通过识别关键节点对网络舆情的发展加以干预，能够很好地控制网络舆情在社会上的传播与蔓延。在复杂网络中，也有几个典型的识别关键节点的指标，如度中心性、介数中心性、接近中心性等。度中心性表示，一个节点的度越大，这个节点在整个社会网络中的地位越重要，介数中心性表示，经过某个节点的最短路径的数量占总的最短路径数量的比例，接近中心性表示节点到网络中的其他节点最短路径的平均值。复杂网络中的特性不仅能够阐述复杂网络的结构，也会影响到信息传递的问题，用复杂网络的方式和理论，可以解释和理解现实社会中的诸多问题。

3. 网络结构对网络舆情的影响

小世界网络都有一个小值的平均最短路径长度随机图和高聚类系数规则格。建立小世界模型的方法有两种：一种是在沃茨（Watts）和斯特罗加茨（Strogatz）提出的最近邻耦合网络中以概率重新连接节点；另一种是在纽曼（Newman）和沃茨（Watts）随后提出的最近邻耦合网络上添加新的边。这里的最近邻耦合网络，是指所有节点组成一个环，每个节点都与它的2k个最近邻相连的网络。这两种方法构建的模型通常分别被称为瓦茨-斯特罗加茨（WS）和纽曼-瓦特（NW）小世界网络，前者更频繁地用于构建小世界网络。具体来说，它是从一个具有中等高连通性的有序格开始构建的，这确保了网络的高聚类。然后，以概率p去除每条边，并在两个随机选择的节点之间重新连接。这一过程在原始网络的两个遥远区域之间创造了一条捷径，使整个网络比以前更紧凑。概率p度量结果图的无序程度或随机性程度。对于

p=0，阶数完全保留，而对于p=1，得到了一个随机图。但是，网络的平均连通性不会改变，因为在构建过程中没有向网络添加其他边①

3.1.2　主流的复杂网络的演化模型

网络舆情的演化实质上是以信息为载体，在各种各样的复杂网络下，通过最初为数不多的信息传播源，在互联网传播以及互联网外的线下传播为主的信息扩散过程，形成网络舆情传播及演化过程，在学者不断的研究过程中，网络舆情传播模型经历了被不断改进与创建过程，网络舆情传播模型主要有以下几类：戴利（Daley）和肯德尔（Kendal）提出了DK模型，即运用这种模型最先研究了谣言传播现象。戴利（Daley）和肯德尔（Kendal）在《随机谣言》一文中详细介绍了随机性和确定性谣言传播模型，模型中将封闭的同质混合人群分为三类：没有听到谣言的个体（Ignorants），听到谣言且传播谣言的个体（Spreaders），听到谣言但是不再传播的个体（Stiflers）。梅基（Maki）和汤普生（Thompson）认为，谣言信息在网络中的传播过程是未传播个体通过与谣言传播者的接触而实现的。此外，MK模型中假设当一个谣言传播者接触到另一个谣言传播者时，只有初始传播者才会变为遏制者。在DK模型和MK模型之后，很多学者基于数学、物理学和随机理论等对谣言传播过程展开了大量研究。但随着互联网的不断发展，复杂网络出现后，学者开始对DK模型和MK模型的不足提出建议，认为这两种模型缺少对于网络拓扑结构特性的考虑，模型的所展示的传播范围过小，进而研究者开始研究随机网络、小世界网络和无标度网络特征中的传播演化情况。

---

① 张伟. 基于复杂社会网络的网络舆情演化模型研究［D］. 哈尔滨工业大学，2014.

（1）小世界网络特征的演化模型

WS模型即小世界模型认为，小世界现象是介于规则网络与完全随机网络之间的一种中间形态，在小世界模型中，具有规则网络中较大的聚集系数和随机网络中较小的平均距离的特征。以环形网络为例，小世界模型将规则网络p=0作为初始状态，让规则网络上的节点按照一定的概率随机发散，每个节点与他两边相邻的节点以一定的概率连接，在正常参数下，得到演化成的小世界网络。随着学科的不断发展，学者又将连接机制改为添加机制，这种添加机制被称为NW机制。该模型的具体的构造方法是：首先构造一个规则网络；然后随机选择一对没有链接的节点，并以概率P链接选择的两个节点。该模型的结果表明，当P很小且W很大的情况下，WS模型和NW模型是一致的。真实世界中的很多网络同时具有无标度属性和小世界特征。国内学者方锦清等人的混合择优模型能生成兼具小世界和无标度特性的网络。

（2）无标度网络特征的演化模型

无标度特征因为符合社会中的很多现象，如传染病的传播，地震震前的预测，临界现象等多种社会现象密切相关，因此，在所有复杂网络的特征中，无标度网络获得很多关注。学界对于无标度网络的研究也更加多样化。无标度网络中典型的模型为偏好连接增长模型，又叫BA模型。偏好连接增长模型认为无标度网络是演化生成的网络，偏好连接是指新加入的网络节点更倾向于链接到具有较大的度值得节点上。偏好连接的这一特性会使具有较大度值得这些节点拥有越来越多的连接，从而出现富者更富的现象，即马太效应。马太效应是1965年科学社会学家默顿（Merton）在阅读文献时发现科学文献的引文满足幂律分布的特征，因此提出马太效应，在1999年巴拉巴西（Barabasi）与艾伯特（Albert）将幂律分布应用于复杂网络研究中。在随后的研究中，更多的学者在偏好模型增长模型的基础上又增加了很多假设。偏好模型增长模型存在的假设有：全局信息假设、线性偏好连接假设、基于时间累积假设等。全局信息假设要求每一个新的节点都必须了解整个网络中的所有信息，但大多数个体在演化的过程中很难获得全局信息，为了克服这种难以了解全局的困惑，学者巴斯克斯（Vazquez）在此基础上提出了网络随机行走演化机制，大致思想可以形象地解释为：科研人员在科研过程中，只是了解自己所研究领域的文献，如果想要获得更多文献，那么在所获得的这些文献上载继续查找这些文章作者所引用的文献，完成进一步查找的过程，即当新的节点想要加入到复杂网络中时，随机选择一个老的节点，再以一定的概率与此节点的邻居链接。

（3）社区网络特征的演化模型

这人类社会中，人类的聚集方式在社会学中主要以血缘、地缘、趣缘、业缘等几种类型进行归类，在复杂网络中，具有社区特征的网络是指网络中具有社区结构，在这些网络中，个体也像在社会生活中一样，因为兴趣、爱好、职业、地域等相似的方面聚集起来，网络中具体体现为社区内连接紧密，社区之间联系比较疏散。[①]对于社区特征网络，贝达尔特（Bedarthe）等研究者在研究的过程中，提出了一种交互模型研究网络之间的相互作用，这种模型中具有两个过程：基于适应度函数从2个子网中各选取一个节点；根据节点间的相似度将选定的节点连接。该模型能通过子网内部的链接刻画子网之间的链接情况。李（Li）等提出的演化社区模型中设置了两个偏好依附规则：设置新加入的节点与社区内部存在的节点链接满足偏好依附机制；新节点与其他社区的链接亦满足偏好机制。而尼维纳（Newina）在研究中，将N个节点分平均分到K个社区中，社区之间存在链边的概率大于社区之间存在的链边的概率。该方法生成的网络具有社区特征，但是度分布为泊松分布。

---

① 吴泓润. 复杂网络的建模及传播动力学研究［D］. 武汉大学，2018.

（4）分形网络特征的演化模型

学者将几何中盒子的计数法推广到复杂网络中，还研究了分形结构的起源，在研究的过程中，提出了动态增长模型，即DGM模型用来分析分形结构涌现的条件。在研究动态增长模型中，模型结果表明节点之间的相互排斥导致了分形结构。同时，大部分分形网络具备异配性特征，但在模块之间增加大量的shortcut会使网络的模块化结构和分形特征消失。

3.1.3 复杂网络上的传播动力学

（1）节点影响力的度量

在社会生活中，具有较大影响力的个体在他所分属的领域往往具有较大的话语权，而在网络中，可以将网络中信息的节点类比为社会生活中具有影响力的个体，在评估在网络舆情中带来影响力时，对节点影响力的度量成为必要的一部分，节点的影响力与中心性互相勾连，而在众多学者的研究中，主要的中心性度量指标主要有：节点度、介数、接近度、特征向量等。弗里曼（Freeman）在1976年对中心性度量方面的内容进行研究时，提出了三种度量指标来度量节点的中心性，分别为：度、介数、接近度。该指标是通过评估相邻节点的重要程度分析节点的影响力，如果被评估的节点与很多节点都发生直接联系，那这个被评估的节点就具有重要的中心位置，同时还可以判断其活跃度。介数中心性是指某一节点连接其他节点的最短路径的数量，若某个节点的介中心性越高，那么这个节点所在的位置就越重要，介中心性相当于一个较量，成为其他节点互相通信的通道。接近度中心性是指一个节点到其他所有节点的最短距离之和的倒数，如果一个节点到其他任何节点的距离越短，这个节点扩散信息的时候越独立，对其他节点的依赖性越小，也更不容易被其他节点束缚。除了这三种度量方法外，其他学者还提出了其他节点度量的方法，基萨克（Kitsak）提出，节点的重要程度与其在节点中所处的位置有关，他的K-核分解方法是移除掉网络中度量值较小的节点，度量值以K为大小标准，移除掉小于等于K值得节点，留存具有较大度量值得节点。尽管有很多学者提出删除影响力较小的节点来评估其他节点的重要性的方法，但这也遭到其他学者的反对。

（2）复杂网络上的信息传播模型

复杂网络上的传播与传统媒体的传播有所不同，传统媒体主要以传播信息为主，复杂网络以用户为主，将用户关系相关勾连进行传播。早复杂网络研究早期，传播模型大都基于传染病传播模型，如经典的SI模型、SIS模型、SIR模型等，这些研究模型适用于早期的网络传播模型。将传染病病人看作是网络用户，将其分为不知道信息的个体、知道信息并传播的个体、知道信息但不传播的个体、而信息传播节点之间的状态转化即为网络上信息传播的过程。而在传播的过程中，由于复杂网络具有不同特征，因此，在具有不同特征网络上的传播速度有所不同，以谣言传播模型为例，在无标度网络上传播明显比在随机网络上传播更快。

3.1.4　基于社会动力学多主体建模方法

随着研究得不断进展，学科之间的理论与方法互相融合已经成为当今学者在研究中频繁谈论的问题。社会动力学源起初源自于物理学研究，物理学在早起就对系统动力学和非线性动力学做出来关于社会系统研究的方法，社会动力学是利用物理学中的粒子交互以及数学建模的方式在社会科学的框架下形成的研究社会问题或社会现象的研究形态。社会动力学理论最早是由社会学家孔德提出，随着研究的不断进展，社会动力学逐渐发展为社会协同学的一个分支，社会是一个复杂的系统，在社会动力学研究中，很难得到个体间最基础的运动方程，因此，需要识别与之相关的社会变量，然后基于社会驱动力的合理假设为它们构建直接方程，从而揭示社会系统中的宏观现象等一系列社会问题。从社会动力学的角度对社会中的宏观现象做出解释时，我们首先需要在微观层面对个体行为做出描述。由于社会动力学自身的显著特性，因此，它常被用于应用于群体观点聚合、语言与社会文化演进、集群行为与社会传播领域的研究之中，通过社会动力学的研究来揭示其内在的规律。社会个体之间的相互作用形成社会总体系统，但是社会中的个体行为又与物理中的微观粒子不同，社会中的个体具有主观能动性，具有独特的心理活动与思维方式，因此，将社会动力学研究置于网络舆情研究中时，要谨慎地设置前提，不然社会中的复杂性将会使研究混乱不堪。对于社会动力学在网络舆情中的研究要注意以下几点：对于微观个体的行为要最大可能的描述准确；通过微观个体行为描述整体宏观社会现象时，如何揭示其中的涌现机制；社会群体的行为在数学建模方式上的表现方式是数值，如何合理、合规地展现微观个体行为中的有序性，进而形成可具有辨识度的宏观概念。

建模的目的不仅在于找到合适的方式对传播进行表示，还在于解释各影响因素对传播产生的影响，在大数据背景下，网络舆情演化过程中的影响因素也更加多样和多变，如何在数据中找到各种因素与传播结果之间的相关性与因果性也是研究中的一个问题。当体育赛事发生时，社交媒体将大量用户用数据连接起来，形成一个大规模的复杂动态系统，大量用户在互联网上发布赛事进程，发布吐槽信息，发布求助信息，具有典型的集体行动，当赛事产生时，现场人员、官方媒体、公众号、微博等利益相关者会发布相关消息，成为消息源并引导事件发展，他们与在线网民在社会网络的影响下会产生链接与互动，构成特殊的社会交互结构，成为网络舆情演化的动因。同时，时序网络也影响网络舆情的演化，什么人在什么时间在什么平台说了什么，时序网络上的节点可以抽象的表示个体间在线交互发生的次序，能动态的反映群体结构和群体过程的动态变化①。

　　网络舆情动力学模型构建方法大致有以下几种：第一种是将医学传染病等疾病相关领域的动力学模型应用到网络舆情中，分析网络舆情的演化规律，由于传染病的传播方式与网络舆情的传播方式有所不同。因此，网络舆情传播研究多是在SIR、SEIR等模型的基础上做出演进与拓展。第二种是将网络舆情问题抽象为复杂系统问题，从整体上以大局的方式分析网络舆情的演化流程，在建模初期要对系统动力学中的影响因素进行分析。第三种是Agent仿真建模方法，它是研究复杂适应系统随时间演化的一种方法，运用计算机仿真在微观层面讲个体信息传播行为用参数和假设进行描述分析，这种方式需要通过计算机多次进行仿真实验得出结果，单次模拟得出的结论往往与实际结果具有很大差异。

　　除了少数例外，对舆论变化模式的理解在舆论动态模型的文献中普遍被忽视。学者建立了AB（Agent-Based）模型，解决了对观点动力学理解上理论差距，也可以帮助识别公众舆论变化的一些潜在机制。与微分方程模型相比，放宽了模型的前提假设，更关注个体在各阶段的行为。国内外的研究表明，已有的基于数学模型的传统建模方式并不能很好地刻画复杂系统，而采用基于Agent的建模方法，即多主体建模方法，通过对复杂系统中的基本元素及其之间交互作用的建模与仿真，可以将复杂系统的微观行为和宏观"涌现"现象有机地结合到一起。它是一种自顶向下分析、自底向上综合的有效建模方式。如今，基于多主体的建模是最具有活力、有所突破的仿真方法。Agent与多Agent（Multi—Agent）的理论与技术为复杂系统的建模与仿真的实现提供了一个崭新的途径Multi-Agent是由多个Agent组合而成②。Multi-

　　① 张军，王学金，李鹏，庄云蓓. 基于CCM的突发事件网络舆情传播建模方法研究［J］. 情报理论与实践，2022，45（06）：188-198.

　　② 廖守亿，戴金海. 复杂适应系统及基于Agent的建模与仿真方法［J］. 系统仿真学报，2004（01）：113-117.

Agent系统之间的合力超出单个主体之和，多个成员之间相互合作，正如社会总体智能优于任何单个的个体。各Agent成员之间互相独立又相互协作，独立自治，单个Agent成员自身的行为和目标不受其他成员的影响，通过竞争和磋商等手段解决相互之间的矛盾和冲突[1]。Agent建模方法基于动力学理论提出，社会动力学派的定义可以表述为：应用自然科学（以物理学为核心）的思路、概念、原理和方法，经过有效拓展、合理融汇和理性修正，用来揭示、模拟、移植、解释和寻求社会行为规律和经济运行规律的充分交叉性学科[2]。在网络舆论的研究中，Agent表达对某一议题的观点看法，Agent之间的协作即成员与成员之间就某个话题进行共同讨论，在讨论的过程中，观点之间相互碰撞，最终形成一致的观点或者互相对立。在舆论演化的过程中，除了共识和两极分化之外，舆论逆转是舆论演变的一个重要现象[3]。行为主体发布的信息经常会促使他人改变他们的观点，而在这个改变观点的过程中，信息作为一种重要的外力，可以改变舆论演变的趋势，甚至扭转舆论的状态。因此，在探讨信息在宏观层面上对舆论演变的影响，尤其在存在反转的情况下，有研究者将信息作为变量建模，并将其嵌入基于agent仿真的有界置信模型中，并基于实证案例对模型进行了验证，通过大量的模拟实验，分析了信息强度、信息发布时间和不同类型的信息对策，找出了公众舆论逆转的原则[4]。结果表明，活动过程中发布的信息会改变甚至逆转舆论的方向，但不同的发布方式会产生不同的舆论演变结果。Agent-based仿真技术描述了从微观底层到宏观高层的涌现现象，仿真技术的不断发展也使得计算机仿真技

---

① 郭晓亮. 虚拟环境下多实体行为仿真关键技术研究［D］. 东北大学，2008.

② 牛文元. 社会物理学与中国社会稳定预警系统［J］. 中国科学院院刊，2001（01）：15-20.

③ 郭苏琳. 区块链环境下网络舆情传播及风险管理研究［D］. 吉林大学，2020.

④ 张翼晖. 反转新闻中受众态度及影响因素调查研究［D］. 山东大学，2019.

术被广泛地运用到社会动力学和群体行为之中。在这个模型中，主体之间通过交互不同类型的拓扑（随机、小世界和无规模网络）和表达一个意见，一致性机制的结果来试图坚持先前表达的意见和评估机制，主体也通过考虑可用的外部信息的主题和社会影响机制，在这个过程中主体倾向于接近他们的邻居的意见。多主体建模的主要特征之一是，在某些条件下，其行为特征是由不同类型的内源性因素触发了平均意见的变化和个人意见分布的形状的变化。随机网络和小世界网络只在系统的一个部分中表现出稳定性或向确定稳定性的单调趋势。然而，无标度网络显示出不同类型的平衡状态。事实上，主体所获得的外部信号的相关性越高，波动的频率和激进度就越高。公众舆论的转变基本上是对网络中高度联系的主体的新思想的两个思考过程。无标度网络中度的幂律分布和外部信号的主观相关性是有利于这些双重过程的快速、频率和激进性的条件。在外部信号的主观相关性较高的无标度网络中，公众舆论的波动更加频繁和激进，因此，在相应的自然情况下，同质性可以作为一种平衡机制：高水平的同质性具有公众舆论波动的程度和频率的特性，从而产生振荡。该模型可以在其他类型的网络中复制，并且可以重新定义该模型的不同假设。

3.2　网络舆情演化模型

网络舆情的演化并不是单一的线性传播过程，而是交织着舆情观点聚合和舆情信息扩散以及在集合和扩散之间交融的交互过程，每个阶段都依赖于复杂网络中多样化行为主体之间的交互作用而进行，网络舆情发展中的这三个阶段作为网络舆情的重要分支，分别用来解释当舆情事件发生时，来自不同行为主体的不同观点如何消除差异，最终形成一致或相对一致的群体观点，因此，在研究的过程中，学者们通过数学和物理的方式，运用观点动力学和复杂社会网络的方法等建立模型思维在，现有的网络舆情演化研究中，尽管学者已经做出了许多研究模型，但由于在不同尺度上的建模方式和建模的侧重点有所不同，使得网络舆情主体内在的属性以及舆论主体之间的互动能力在建模解释的过程中难以完整刻画，如在微观层面上的元胞自动机模型仅适用于主体与有限个体交互情况下的舆论演化情况，而宏观层面上的传染病模型只适用于小规模范围内的网络和网络拓扑结构较为固定的网络舆情中，基于复杂网络的建模方法尽管可以解决上述两种网络舆情建模方法中的缺陷，但也存在无法将舆情主体独特的内在属性完美刻画的问题。近年来，各种模型和模拟技术已经大量地运用到网络舆情传播的研究中。从传统舆情上来看，公众舆论传播的研究是基于传染病模型，如SIS、SIR和SEIR模型。学者通过探索信息传播的机制，包括窒息、潜在和遗忘机制，建立了一个完善的SEIR模型。此外，一些研究人员还从媒体和社会权力的角度对网络舆情传播的影响进行了研究。例如，运用Sznajd模型研究了大众媒体的影响在这些研究中研究发现当个人和公众的态度相同时，媒体可以进一步提高个人自身的决定论。但当个人态度与公众态度相反时，个人态度受到严重损害。学者贾利利（Jalili）研究了社会权力对模型网络和几个真实的社会网络中观点进化的影响，在他的研究中，通过数值模拟分析了一个连续的意见形成模型。还有学者在研究中引入了一个名为"意见流"的视觉分析系统，以可视化地跟踪和分析大规模事件中社交媒体上的观点传播。此外，一些研究人员提出了动态观点模型，研究者认为，人们的观点会随着时间的推移而变化，也会随着周围环境的变化而变化，从而影响了信息的传播。阿梅尔金基于社会学和社会心理学的几种理论，提出了一个极地观点动力学的一般非线性模型。一些研究主要关注个人交流的力量和观点的变化对意见的传播。江通过个人的坚持和信念，分析了沟通的过程。丁和伟提出了一种舆论模糊ca模型，观察到中立群体的数量会逐渐增加，而持极端态度的群体在经过广泛的沟通和讨论后会逐渐减少。现有研究中的网络舆情演化模型有离散型观点演化模型和连续性观点演化模型。离散型模型将意见视为离散值,如投票者模型、Sznajd模型等。在日常生活中,人们有时会面对一个特定问题的有限数量的职位,通常只有两个:左右,上或下,等等。离散型模型可以很好地模拟这些情况下意见的动态过程。相反,连续模型将观点视为连续值,这可以描述更多的个人观点的状态。因此,有界置信模型即有限信任模型,它主要包括有效模型、赫格塞尔曼–克劳斯(HK)和有效–魏斯布奇(DW)模型等。DW模型和HK模型演化的结果往往是共识和两极分化的,个人观点的改变则是由从众心理所驱动的,在某些情况下,一个人的意见可以从可能选择范围的一个极端到另一个极端。在每一次互动中,行为主体与他人交流,接受其邻居的意见,然后根据多数原则、一致性或其他社会学理论更新其意见。近年来,许多研究在这些模型的基础上考虑了网络结构和主体心理状态的影响来研究观点动态的过程。在每个时期,一个主体被随机选择并与其邻居进行沟通,这个行为主体的意见主要受其邻居和其原始意见的影响。因此,公众舆论的演变是基于一些特殊的网络,如小世界网络、无规则网络等。也有研究这些有效模型在各种网络结构使用一些交互机制,并表明网络结构和参数值都影响收敛时间,对于一些网络拓扑,收敛时间经历过渡的临界值。但是在现实中公众舆论的反转也是一个重要的现象,人们不会因为从众性而改变自己的观点,他们也经常根据自己对某些话题的了解和信息来选择自己的观点。在舆论反转的现象中,公众舆论可能在人群中获得一些特殊信息后会突然转向相反的方向。

3.2.1　离散型观点演化模型

19世纪20年代,物理学家伊辛(Ising)提出了Ising模型,在物理学领域中,这种模型用来解释磁铁物质的相变行为,并用+1和-1来表示离散变量,后来学者斯奈杰德（Sznajd）基于Ising模型，将这种观点运用到舆情事件中，认为个体的观点也可以用两种取值来表示正面和负面两种观点，因此，提出了离散型观点模型，即作为粒子交互模型中的一种典型代表Sznajd模型，Sznajd模型的建立是基于这样一种思想：相比于单独的一个个体，两个或更多的个体更容易让人信服，在这种模型中，+1表示行为主体持有正面的观点，−1表示行为主体持有负面的观点，通过与最近的邻居进行观点交互，一部分行为主体会放弃自己原有的观点而采取邻居的观点。由凯瑟琳·纳杰–维隆（KatarzynaSznajd–Weron）和约泽夫·斯奈杰德（Jozef Sznajd）最早提出的Sznajd模型①②与其他观点聚合模型相比，最初的Sznajd模型认为，个体观点是受其邻近个体组而非单个个体的观点的影响，因此，能够更好地解释信息或观点在群体中的传播。然而，其他一些研究者却对此提出了质疑，他们认为一维空间中的Sznajd模型实质上可以等同于选举模型，它与经典选举模型的唯一区别在于个体不是受其最近邻个体（NearestNeifhbors）的影响，而是受次近邻个体（Next–to–near estNeifhbors）的影响，这就与模型建立的基本思想相矛盾，而且与通常情况下的社会传播机制相违背③。因此，对Sznajd模型的修正通常是摒弃其中的一些规则，如果相邻个体组的观点不同，那么他们的两个邻近个体将坚持自身的观点而不发生改变，从时间上而言，观点聚合或观点动力学模型的发展是与复杂网络科学发展携手并进的，一些研究者开始从网络的拓扑结构着手修正Sznajd模型，使其能够适应

① Sznajd–Weron K，Sznajd J. *Opinion Evolution in Closed Community*［J］. International Journal of Modern Physics C. 2000，11（06）：1157–1165.

② Sznajd–Weron K. *Sznajd Mode and Its Applications*［J］. Acta Physical Polonica B. 2005，36：2537.

③ BeheraL，Schweitzer F. *On Spatial Consensus Formation：Is the Sznajd Model Different from a Voter Model?*［J］. International Journal of Modern Physics C，2003，14（10）：1331–1354.

规则二维点阵（Regular Lattices）①②、完全图（Complete Graphs）、随机图（Random Graphs）、小世界网络③④（Small-world Networks）以及无标度网络（Scale-free Networks）⑤⑥，从而进一步推进了观点聚合或观点动力学模型领域的研究。

选民模型的大部分结果依赖于与合并随机游动系统的对偶关系。当传播主体在社会网络上位于四维整数格上时，系统簇在维度小于等于2中达到局部共识，而过程收敛于非平凡平稳分布，因此，在高维社会网络中，两种观点在平衡时共存。在一维和二维投票者模型的簇大小的渐近行为的研究中显示，在更高的维度中，尽管这两种观点在平衡状态下共存，但随着时间的推移，由于局部相互作用的存在，空间相关性也会建立起来。在无限时间极限下的空间相关性的研究中，在有限社会网络上，投票人模型总是达到一致点。选民模型的自然变体也描述了社会网络上的意见动态，这是阈值选民模

① Stauffer D, Sousa A O, deOliveiraSM. *GeneralizationtoSquareLatticeofSznajd SociophysicsModel*［J］. International Journal of Modern Physics C，2000，11（06）：1239-1245.

② ChangI.*Sznajd Socio physics Model ona Triangular Lattice：Ferro and Antiferromagnetic Opinions*［J］. International Journa lof Modern Physics C.2001，12（10）：1509-1512.

③ Elgazzar A. *ApplicationoftheSznajdSociophysicsModeltoSmall-WorldNetworks*［J］. International Journal of Modern Physics C.2001，12（10）：1537-1544.

④ He M，Li B，Luo L.*Sznajd Model with "Social Temperature" and Defender on Small-World Networks*［J］. International Journal of Modern Physics C.2004，15（07）：997-1003.

⑤ Stauffer D，Sousa A，Schulz C.*Discretized Opinion Dynamicsofthe Deffuant Modelon Scale-FreeNetworks*［J］.Journal of Artificial Societies and Social Simulation. 2004，7（03）.

⑥ Sousa A，Sanchez J. *Outward-Inward Information Fluxinan Opinion Formation Modelon Different Topologies*［J］. Physica A：Statistical Mechanics and Its Applications. 2006，361（01）：319-328.

型。在这种情况下，当且仅当他们不同意一些数值的邻居时，个人才会改变他们的观点。再看看四维整数格上的过程，当阈值等于1时，除了在一维中，都会发生观点共存。在增加阈值的同时，该过程表现出两个相变，从共存到聚类，然后从聚类到固定，两种观点再次共存，但共存是由于系统局部冻结，而不是收敛到一个独特的非平凡平稳分布。当他们不同意他们的大多数邻居时，当他们改变意见时，固定就会发生，一个特殊的情况被称为多数投票模式。

多数规则模型，是另一个与多数投票模型相关的过程，包括多个个人同时更新的是多数规则模型。在这个模型的原始版本，人口是有限的，个人的特点是两个竞争的观点，和一个更新包括选择随机数量的个人统一（称为讨论组），导致所有的个人组采用多数意见组内的交互。在平局的情况下，所有的个人都采用了一个代表现状的首选意见。当讨论组由所有n个×…×n个超立方体组成，并被选择以速率1独立更新的这种情况下，行为取决于n的奇偶性：当n为奇数时，每个意见的密度保持不变，而当n为偶数时，现状获胜。

多数原则模型是在选举模型基础上发展出来的一种观点聚合模型，符合少数服从多数的基本原则，形成某一议题一致的意见或者选出具有共同意见的小团体在多数原则模型中，个体观点呈二元离散的状态，在观点聚合过程的任一阶段，个体观点总是处于+1和-1中的一种。多数原则模型确定了群体观点聚合的基本思路，其内容涉及民主选举、决策制定以及社会舆论的动力机制等方面，泰斯（Tessone）等人在多数原则模型的基础上提出了少数观点聚合的邻域模型，在邻域模型中，个体只能与有限数量的邻接个体建立联系，因而会产生局部空间效应[1]；盖（Gekle）等人打破群体中

---

① Tessone C J, Toral R, Amengual P, etal. *Neighborhood Models of Minority Opinion Spreading* [J]. The European Physical Journal B: Condensed Matter and Complex Systems. 2004, 39（04）: 535-544.

只存在两种观点的限制，探讨了存在三种观点时的多数原则模型[①]；加拉姆（Galam）在多数原则模型中引入了社会文化的概念，认为共享的社会文化会使小群体形成公共偏好，进而控制由民主讨论驱动的关于某一社会议题的群体观点内在极化效应的方向[②]；在另外一项研究中，他还讨论了存在一些始终坚持己见的顽固个体时，按照多数原则群体观点的聚合过程[③]。社会影响模型的建模思想来自于心理学中的社会影响理论，描述了群体中的个体是如何感知其他个体的存在以及如何对其他个体施加影响的。按照这一理论，社会群体在某一社会议题上对个体的影响依赖于群体中的个体数量的规模以及他们的说服能力，同时也依赖于他们与该社会议题的距离，这里所说的距离指的既是他们的空间接近程度，也是抽象的个体人际关系网络上的亲近性[④]。诺瓦克（Nowak）等人在研究观点聚合的过程中引入了社会影响理论进行建模[⑤]。通过对社会影响模型的计算机仿真可以发现，观点集聚的最终结果是形成为数较多的观点簇以及极化现象的出现。如果系统中存在单独的模块，那么之前形成的观点簇则会处于一种亚稳定的状态，也就是说，它们会在保持一段时间的稳定之后，突然收缩到另外一些较小的观点簇中，

---

① Gekle S，Peliti L，Galam S．*Opinion Dynamics in a Three-Choice System*［J］．The European Physical Journal B：Condensed Matter and Complex Systems.2005，45（04）：569-575.

② Galam S．*Hetero geneous Beliefs*，*Segregation*，*and Extremism in the Making of Public Opinions*［J］．Physical Review E.2005，71（04）：046-123.

③ Galam S，Jacobs F.*The RoleofInflexible Minoritiesinthe Breaking of Democratic Opinion Dynamics*［J］．Physical A：Statistical Mechanics and Its Applications. 2007，381：366-376.

④ Latane B. *The Psychology of Social Impact*［J］．American Psychologist.1981，36（04）：343.

⑤ Nowak A，Szamrej J，LatanéB.*From Private Attitude to Public Opinion*：*A Dynamic Theory of Social Impact*［J］．Psychological Review. 1990，97（03）：362.

然后在下一轮收缩之前继续保持一段较长的时间。这种状态交替的过程也被称为阶梯动力学。此外，通过修正社会影响模型还可以用来说明其他一些社会行为对群体观点聚合过程的影响，如社会学习效应①，强领导者及其他因素联合作用下的群体反应，以及由于不同类型的个体在群体中的共存而产生的社会影响的缓和机制等。总而言之，社会影响模型能够非常合理的解释群体观点聚合过程中的一系列现象，同时说明了"复杂动力学过程可以由简单相互作用产生以及社会结构的形成能够用数学方法很好的描述等论断"②。

经典的和阈值选民模型和多数决定规则模型考虑了社会影响，但不是同质性，即倾向于更频繁地与更相似的个人互动。最流行的包括社会影响和同质性的相互作用粒子系统是阿克塞尔罗德模型。个体现在的特征是对不同问题的一种可能的观点，这导致了可能的观点向量代表文化概况。同质性的建模是通过假设邻居相互作用的比率等于他们共同拥有的观点或文化特征的比例，而社会影响是通过匹配两个邻居不分享的观点之一来建模的。阿克塞尔罗德模型中的同质性是通过假设个体相互作用的速率与邻居之间的一致性量成正比。在许多其他模型中，这个组件是通过包含一个所谓的置信阈值来建模的：邻居要么以恒定的速率交互，要么根本不交互，这取决于他们的分歧程度是否在一个合理的阈值内。

3.2.2 连续性观点演化模型

在之前提到的观点聚合模型中，个体持有的观点都是二元取值的，因而

---

① Kohring G. *Ising Models of Social Impact*: *The Role of Cumulative Advantage* [J]. Journal de PhysiqueI.1996, 6（02）: 301-308.

② Lyst J, Kacperski K, Schweitzer F. *Social Impact Models of Opinion Dynamics* [J]. Annual Reviews of Computational Physics.2002（09）: 253-273.

都属于离散观点聚合模型的范畴，这类模型通常适用于选举等需要"二者选一"的决策过程。但是在现实生活中个体的观点并非总是处于"非黑即白"的两种情况下，并由于个体异质性以及信息分配的不对称等，人们对某一社会议题的观点通常来说是多种多样的，其观点值是介于支持与反对两个极端之间的一个模糊值，因此，个体观点能够连续取值的模型适用范围相对更广。在舆论演变领域，Weisbuch-Deffuant模型[①]和Hegselmann-Krause模型是最受欢迎的模型，它们都是基于有界置信模型（BC模型）。研究者提出了有限信任的概念，亦即是说，观点交互行为只有在交互双方的观点差值小于给定的信任阈值时才能发生，以有限信任原则为基础而建立的连续观点模型也被称为有限信任模型[②]。有界置信模型的过程可分为两个步骤：选择交互式个体集和更新意见。它只考虑与焦点主体意见相似的邻居的影响，意见更新因素。然而，在现实中，个体彼此交流，改变他们的意见，不仅因为相似的意见，也因为接收到新的信息或消息。同时，个人并不完全符合他人的要求，他们也会根据自己的决定来选择意见。在建模的过程中，设定观点连续取值意味着离散观点聚合模型采用的许多思想都无法应用，因而需要引入新的框架。考虑到人们只有在观点较为接近的情况下才有可能进行真正的讨论，在这两种模型中，他们将个体行为观点拓展为0到1之间的所有实数，在Weisbuch-Deffuant模型中，每一时刻随机的选取某一节点，同时在该节点的邻居节点集中任意选择一个节点，如果两个所选节点的观点差异在所设定的阈值范围内，那么这两个节点就会根据预设的规则进行观点的交互，否则都保持自己观点不变，在Weisbuch-Deffuant观点演化模型中，个体的观点仅

① Deffuant G，Neau D，Amblard F，etal．*Mixing Beliefs among Interacting Agents*［J］．Advances in Complex Systems．2000，3（01n04）：87-98．

② 秦强．讨论模型视角下的社交媒体舆论演化机制研究［D］．南京大学，2018．

考虑与其他观点差异小于确定性阈值得某一个邻居的观点，且模型中个体间的连续拓扑是固定不变的。HK（Hegselmann–Krause模型）模型从更广义的角度考虑了个体观点会同时受到多个邻居观点的影响，个体在更新观点时，首先与其所有的邻居进行观点比较，选取出与自身观点差异小于既定阈值的所有个体并计算这些个体所持观点的平均值，从而，个体将当前观点更新为所选邻居观点的平均值[①]。个体都是根据有限信任原则进行观点交互，通过不断的平均化过程最终达成全体观点的稳定，它们不同的只是个体的交互机制[②]。有限信任模型善于描述意见交流和演变的过程。有限信任模型反映了观点演变的内部驱动力，而在观点演化的过程中，信息反映了外部驱动力。信息通过大众媒体或公共组织发布，受众根据自己的认知接受信息，然后在自己的社交网络中传播。但是在信息传播的过程中，受众接受的信息并不总是与传播的信息相等的，信息在传播过程中可能会发生信息量增加或减少的改变，而在信息传输的过程中，信息作为一个客观的概念，可以在一定程度上影响受众的观点。在有限信任模型中，它将网络中的行为主体的数量假设为n个，每个行为主体都有三个属性，属性一是行为主体的意见和，取值在（-1，1）。属性二是行为主体持有的信息，取值在（-1，1），属性二的绝对值反映了信息量，其正负性质反映了信息的方向。信息可以是对的也可以是错的。但在该模型中，需要前提假设行为主体不能证明信息的合理性，因此不考虑信息的正确性。属性三是行为主体对他人的意见和，取值在（0，1）的有限信心门槛。阈值越大，主体的信心就越小。在模拟系统中，行为主体在虚拟世界上随机游走，并与它们的邻居进行观点交互。当行为主体与其相

① 李丹丹. 社会网络上的舆情传播与观点演化模型研究［D］. 南京航空航天大学，2018.

② Shang Y. *An Agent Based Model for Opinion Dynamics with Random Confidence Threshold*［J］. Communications in Nonlinear Science and Numerical Simulation，2014，19（10）：3766-3777.

邻主体的意见差小于行为主体的阈值时，行为主体将与相邻主体交换意见。这是有限信任模型的一个基本规则，如果主体的意见差异低于置信度，就会使他们的意见相互接近。而在现实信息传播的过程中，行为主体多为政府或官方媒体，在舆情演化的过程中，每个行为主体都有不同的观点与自身属性，同时，如果个人持有一些关键信息也可以将这些信息传播给其他行为主体。

上述研究主要集中于媒体和个人在信息传播和公众舆论演变方面的影响。这些研究模型可以很好地描述公众舆论传播的过程，具有研究意义和实际应用价值。但是，现有的研究模型较少的对节点的转化，信息转换机制等进行讨论，尤其将网络舆情的演化运用到体育赛事中，体育赛事的舆情演化缺乏一个系统的规范的网络舆情演化机制的探讨。

3.3 网络舆情演化要素

体育赛事网络舆情由网络舆情主体、网络舆情客体、网络舆情本体和网络舆情载体四个主要要素组成。在网络环境中，便捷、高效、开放、自由的网络空间为受众在自我表达方面提供了广阔的平台，在互联网空间中，受众可以针对任何事件发表自己的看法和建议，进入了人人具有麦克风的时代，个人表达得到极大的满足，自由发声的这个层次的主导者就是网络舆情中的主体。尽管在网络环境中，受众的情绪得到极大的表达，受众也可以轻松地知道发生在世界各地的新闻，但是毕竟与现实环境中了解到事态具有一定的信息不对等性，因此，在这种情况下，当受众不满足于现有条件下对事件的讨论或者解决方法或者对事件的全貌产生片面的看法时，事件中的某些细节会被放大，时普遍存在的情绪汇集，在这个过程中，事件本身的发展成为网络舆情的客体。网络舆情的客体在舆情主体各异情绪中异军突起，走向不同的舆情发展方向。在舆情事件中，受众所表达的以文字、图片、音频、视频为载体承载的内容形成了网络舆情中的本体，在体育赛事中也就是说针对体育赛事在网络空间中所表达的态度、认知、意见等内容的集合。网络舆情在微博、微信、微视频、贴吧、各类网站为平台，这些平台为社会事件的发展提供了良好的发展平台，这些平台就是网络舆情发展的载体。受众可以通过手机、电脑、平板等技术工具在互联网上通过网络平台发表意见[①]。

3.3.1 网络舆情演化主体

学者对网络舆情演化主体的研究有不同的类别，分为三类，分别为："模糊主体论""网络媒介主体论""网民主体论"。因此，在不同的研究中，研究者对其的界定有所不同，本书认为，网络舆情主体主要是指网络舆情生产、传播与扩散的主导者，在网络中以网民、媒体、政府部门、事件当事人、公众号、利益相关人等为主，在信息需求、检索、表达、传递、获取、认知等行为上具有主动性、灵活性，是占有主导地位的群体。舆情主体有自然属性和社会属性，自然属性数据包括性别、年龄、学历、职业等；社会属性数据包括网名、ID、网龄、关注数量、发文数量、粉丝数量等[②]。一方面，受众在参与网络中社会话题的讨论时，"群体归属感""伸张正义感""交际价值感"等这些特殊的社会情感在参与社会事件的讨论中产生，而这些情感在事态发展和情绪表达中占有绝对的主导作用，另一方面，与社会网络环境有关相比于之前单一的"意见领袖""大V主导话题走向"现在的"粉丝经济""流量经济"等趋势也使得愿意发声的受众增多，粉丝一方面拥簇"偶像"，另一方面活跃度也可以为自己带来一定的收益。而政府部

---

① 陈玉萍. 体育旅游危机事件网络舆情诱发、演化与治理研究 ［D］. 上海体育学院，2021.

② 黄微，许烨婧，刘熠. 大数据环境下多媒体网络舆情并发获取的数据驱动机理研究 ［J］. 情报理论与实践，2019，42（06）：42-48+16.

门、官方媒体也增设自己的网络媒体账号,实时发布信息,官方媒体下沉在自己原有受众的基础上,也产生了更多的流量,在不断发展的社会事件中,也有媒体可能会因为不当行为带来更大的社会舆论。而随着网络的发展,受众活跃在互联网上,社会事件当事人出现在网络舆情中的情况分为主动与被动两种,有些在网络舆情的影响下,当事人被动的出现在受众视野中,而有些社会事件中,当事人通过注册账号主动爆料,引发社会舆情。无论是正面还是负面舆情,都在互联网上产生了交互行为的产生,扩大了信息传播的范围,加速了议题传播的向度,催生了网络舆情。在体育赛事中,网络舆情的主体为相关赛事当事人、社会部门、利益相关者等。

3.3.2   网络舆情演化客体

网络舆情客体简单来说就是引发舆情的事件本身,是网络舆情引发的导火线,当事件的发展与受众的认知、对事件的了解不匹配时,能够瞬间吸引大批量网民的关注,迅速刺激网络舆情的形成与传播扩散。大数据环境下多媒体网络舆情的客体主要指网络舆情所指向的事件、热点、话题、新闻等对象,能一定程度上反映网络舆情主体的关注重点、偏好,有助于更好了解社情民意,及时发现一些涉及不同行业、领域所存在的问题。舆情客体包括主题名、主题类型、信息源、发帖量、阅读量、转载量、评论量、点赞量、发布时间、评论时间、抓取时间等。舆情媒体主要是舆情主客体之间存储与传输信息的中介性媒体。当前环境下,网络舆情主要以"三微一端"的微博、微信、微视频以及新闻客户端作为舆情迅速扩散和发酵的集散地。舆情媒体包括媒体的追踪量、发布量、用户量、转发量等,构成舆情媒体的数据源集合[①]。在体育赛事事件网络舆情中,触发网络舆情的体育赛事事件各不

---

① 黄微,许烨婧,刘熠. 大数据环境下多媒体网络舆情并发获取的数据驱动机理研究〔J〕. 情报理论与实践,2019,42(06):42-48+16.

相同，有些是源于政府部门、体育旅游组织、体育旅游企业等的疏于管理和心存侥幸；有些则是体育旅游者自身对社会规则、道德伦理的忽视与僭越。触发体育赛事网络舆情主要有以下几方面的特点：体育赛事涉及政府部门、行政机构等体育主管部门时，此事网络舆情更容易发展为受众一致将矛头指向政府与办事部门，集体针对主管部门，形成逢事必"坐牢"的网络舆情行为；体育赛事涉及人身安全、财产安全等突破法律底线，社会道德的情况，保障人身安全与财产安全是作为公民的基本权利，当触犯到底线神经时，更容易引发受众内心的失衡；当体育赛事具有不合理或违规行为时，例如"假球""黑哨""误判"等事件发生时，受众追求正义更容易体现出来，激发受众追究真相的欲望，因此，更容易产生网络舆情。

3.3.3　网络舆情演化本体

网络舆情本体简单来说就是受众以文字、图片、音频、视频等方式在网络上表达意见、观点、看法的集合，主要是网络舆情主体根据客观存在的自然现象、非自然现象、社会民生、突发事件、热点话题等在微博、贴吧、论坛以及各种网络媒体上以各种形式来映射其态度、情感、意见等具体内容的图、文、声、像。大数据环境下多媒体网络舆情本体表示出更强的智能性、灵活性与便捷性，能够快速、生动的反映网民的各种观点与意见。图像的清晰度、文本描述的准确度、音频的高辨识度、视频的流畅度等都对舆情内容表达的准确性具有十分重要的影响，其中，文本类型的媒体在现有的舆情分析中使用较多。舆情本体数据源通常以单一、叠加或者复合的方式展示不同的显示效果，形成不同的本体数据源集合。而在体育赛事中，网络舆情的产生既有可能是不妥当的新闻报道引发舆情，也有可能是社会中个人在社交媒体中发布不当消息引发网络舆情。受众在面对此类事件时，不再将注意力主要集中在事件本身，而是将注意力集中在媒体的报道方式，文章措辞，配图视频等方面。在这个过程中，对于新闻报道中的文本信息的讨论与发酵可能成为新的信息源，而这些信息源又会不断地产生新的舆情，这些不实信息不断汇集，本末倒置，成为舆情事件主体的重要要素。

3.3.4 网络舆情演化载体

在互联网技术下，一批网络表达平台已经被成功孕育，通过手机电脑平板等一系列工具在这些网络平台如论坛、贴吧、网站等各式各样的网络载体上浏览、转发、评论、发表自己感兴趣的议题已经成为众多受众的常态，在浏览、转发、评论、发表自己观点或情感时，就已经为网络舆情的发展提供了广阔的空间。受众在互联网上发表事件看法在一定程度上影响了舆情的发展，"黄河石林百公里越野赛"事件就是先经网民在互联网平台上发布，后引起网民的广发讨论再由主流媒体关注、跟进、报道，在事件的发展过程中，网友不断的提出疑问，随着舆情扩展速度的不断加快，这件社会事件终于在多方调查取证中一步步走向真相。因此，就爆发网络舆情的媒介而言，新闻网站、微博、微信公众号等平台是当前网络舆情信息产生、聚合与扩散的主要载体，网络平台将这些凝聚了情感态度事件的舆情因子的文本数据聚合在一起，构成了网络舆情。因此，社交平台、新闻网站、论坛贴吧等因其强大的聚合性、交互性以及互动性等特点，也开始成为网络舆情信息爆料与传播扩散的重要媒介。

3.3.5 网络舆情的演化特征

网络舆情具有主体多元化与社群化、媒介的交互性与多样性、信息的隐匿性与无序化的特征[①]。

---

① 陈玉萍. 体育旅游危机事件网络舆情诱发、演化与治理研究［D］. 上海体育学院，2021.

　　体育赛事，尤其是大型综合性的体育赛事，从组织到赛事的成功举办都具有独特的属性，体育赛事的舆情主体也更加多元，它涵盖了不同大小，不同性质，不同组织不同服务范围的职能部门，这些职能部门既有官方组织，也有社会企业，同时还包含了来自世界各处的运动员以及其他群体，是一个涉及多方面利益主体的完整群体结构。在大数据背景下，公众也拥有了更加广泛更加自由的话语空间，在赛事前期准备到赛事结束的过程中，任何一个组织结构出现问题都会导致整体的赛事受到影响，而发酵为网络舆情。由于体育赛事本身的特殊性和专业性，公众通过互联网很容易在微博、微信、论坛、贴吧集结成群，促使体育赛事网络舆情往社群化方向发展，体育赛事主体的多元化也使得体育赛事网络舆情具有很多不确定性，同时，体育赛事的加之近两年来国内外深受新冠疫情的影响，外界环境的不确定性使得体育赛事更加艰难。新媒体时代，无论是政府机构、新闻媒体、企业公司、体育公司都是通过网络在社交平台上建立官方账号进行内容发布、产品宣传，受众可以轻松便捷的获取体育赛事的相关信息。由于受众具有群体异质性，对同一事件可能存在不同的认知和理解，受众在表达自己观点时可能会受到赞同、反对、抨击等不同的情感，从而激发不同的社会情绪，甚至会产生不同的行为，相对自由的网络环境为舆情主体提供了表达观点态度的平台，网络的匿名性也使得部分舆情主体在发表自己观点时，更加随意和放肆，使得体育赛事网络舆情更加隐匿和无序。

3.3.6　网络舆情演化中的主体交互模式

　　在网络舆情演化中，在复杂网络中的各主体具有传递信息和接收信息的能力，即主体具有交互性，多样化行为主体之间的协同配合共同推进了网络舆情的演化和发展。网络舆情演化主体构成了一个结构复杂、系统庞大的复杂社会网络，其中每一个主体在每一个网络中都有不同的信息传播通道和个体行为特征，但是，尽管网络舆情演化中的主体具有个体传播的行为特征，但依然会受到网络拓扑结构的影响，并在行为上表现出一些共有的特性，主要表现在以下几个方面：第一，中心节点具有辐射效应。即使网络发展已经遍及各处，但在网络舆情演化过程中，以中心节点为主的辐射效应依旧存在，网络舆情演化空间同现实社会网络相似，也并非是一个分布均衡的网络，在无标度网络中，各节点的发布就具有幂律分布的特征，在这种网络中，大部分节点与其他节点相连接的边较少，其中只有少数节点具有大量与之连接的边，从这种角度来讲，网络舆情演化空间中出现了中心节点向边缘辐射的状况，只有少部分节点处于核心位置，而另一大部分节点处在边缘位置，即处于被支配的位置，在现实社会网络的具体表征类似于以官方媒体为中心节点，具有大量的辐射能力和很多的信息传播渠道，向外不断辐射，中心节点的观点也会直接影响外围个体对网络舆情的发展与看法，而大部分受众就类似于网络舆情演化空间中的边缘节点，辐射能力和渠道都非常有限，也容易形成盲目跟风的状况。第二，交互过程中具有弱关系桥接作用。有学者对现实社会中人类关系进行了细致的划分，将人类关系划分为强化系和弱关系，强关系是指具有血缘关系的近亲、最好的朋友等，弱关系是指社会上交往的朋友、同事、远亲等。强关系在社会生活中联系紧密，且在人类生活伴随其一生，弱关系表现出阶段性，占据的时间较少。但在个人社会网络中，强关系网络表现出更多的同质性，强关系之间传递的信息也更加容易重复，而弱关系人群占有较大比例，更利于产生新的信息，弱关系网络在与外界联系时更容易发挥重要擢用，更利于群体之间信息的流动。在网络舆情演化空间中，网络信息的传播沿袭人际信息的传播，但在各个信息节点上，强关系将每一个子群体紧密连接起来，弱关系游走于边缘，将整个社会连接起来，网络舆情的演化也正是在弱关系的连接作用下才使得整个网络不断地演化发展。和强关系相比，虽然弱关系游离于个体节点的边缘，但总能极大地扩展个体网络的规模，增加网络舆情演化网络中的异质性。第三，主体交互过程具有层级性。在网络舆情演化的过程中，处于同一层级的各节点也能相互传递信息，推动信息的传播和扩散，但是同一层级内部的弱关系桥接作用由于连接到的节点较少，从而限制了传播作用的强度，因此，同一层级的节点在这种传播过程中传播能力非常有限，而跨级传播，即通过间接交互的作用，使得网络舆情的传播效果得到巨大的飞跃，事实上，网络舆情的核裂变式扩散路径最能体现出不同主体之间交互过程的层次性：虽然网络舆情的信息源不一定是核心层中的媒介或节点，但是，这其中的节点以信息传播通道的方式能够使信息在很短的时间内扩展到网络中间层和边缘层中的节点。大规模的网络舆情扩散通常都要依赖于层级性的交互过程，也可以理解为，各节点直接同跳跃或裂变的方式穿越层次，完成信息流通。

网络舆情的演化发展离不开网络空间中主体的互相协助，尽管网络舆情演化主体都站在对自己有利的角度发表意见，但也是通过不断的交互，才使社会网络形成一张紧密连接的巨网，一起推动网络舆情的发展，共同决定网络舆情的走向。

3.3.7　网络舆情演化中的主体交互环境

网络舆情演化中的交互环境通常来说是指地理空间，主体交互环境也可以表示一些非地理空间，在网络舆情中交互性的主体以网络的形式相互连接。

网络舆情演化环境的基本特征：网络舆情演化环境中，受众、网络媒体、政府官方等各式各样的网络行为主体以及主体之间交互交织的社会关系共同构成了网络社会演化环境，其中不断涌现的网络舆情信息组成了这一空间的信息流，不同于现实中的社会环境，网络舆情空间主要是由计算机网络组成的交互人际环境。相比于现实社会中面对面的人际交流空间而言，网络舆情的演化环境和空间具有虚拟性，这种虚拟的空间是由共识形成的想象中的交往场所。网络舆情的演化看似是一个虚拟的社会环境，但是网络舆情中的信息流来源于现实社会中，是现实社会生活中的经历与体验的合集，现实社会的影像在网络虚拟空间中的映射，但网络舆情演化的空间又不完全等同于现实生活，更不是现实生活世界的延伸或演变，网络舆情演化具有独特的内部演化机理，超脱现实物理空间的时空维度。

网络舆情演化的空间环境主要有以下几个方面的特征：第一，网络舆情演化环境具有交互性。交互性是网络舆情演化的一个重要的属性，微信公众号、官网媒体、政府机构等网络舆情演化中的主体，在网络舆情演化中形成复杂网络的一个个节点，而这些节点又通过社会关系像"桥梁"一样将各个节点连接，网络舆情中的信息通过"桥梁"在不同的节点之间流通，形成了相互连接顺畅的交互性网络结构。这种交互性不同于早期信息单向传播的模式，在其中的任何节点都可能成为信息源，具有发布信息的功能，各节点相互连接，互相勾连，网络舆情中的主体更能主动在网络舆情演化环境中扮演多重角色，在传统的社会网络中，信息传递以单向传递为主，信息源掌握在传播者手中，在信息传播的末端，接受者只具有单向接受信息的能力，只能扮演信息被动接受者的角色，因此，网络舆情演化环境中信息流呈现出方向多、范围广、流量大、层次深的特点。第二，网络舆情演化环境具有内爆性。内爆是相对于外爆的一个概念，内爆是指一种向内的聚合爆炸过程，在网络舆情演变空间中，受众对于事物的感知和方式都表现出不断聚合交融的态势，政治、经济、文化等各个方面的内容被无限压缩在网络舆情演化主体可以广泛参与的信息生产和消费的过程中，网络舆情演化环境的内爆特性表现为一种去差异化的信息整合过程，网络舆情演化中的信息被集中压缩为一团依附在每一个行为主体上，从而形成爆炸式的发展与影响。第三，网络舆情演化环境具有开放性。在现实生活中，人们在获取信息时受到地理位置、文化习俗、生活习惯等各式各样的社会设置的影响而难以顺畅无阻的完成信息流的交互，但在网络舆情演化的空间环境中，网络舆情演化的环境是一个绝对开放的空间，研究者也提出了"去中心化"的网络特征，研究者认为，网络环境为网络舆情演化主体提供了一个相对自由平等的方式，在网络舆情空间中，人们在很大程度上消除了社会权利的设置，可以相对随意地参与社会议题的讨论，甚至可以参与社会民生的决策制定过程。第四，网络舆情演化空间环境具有虚拟性。网络环境具有虚拟性，网民在网络上自由发表意见暂时表现为匿名性，网络舆情演化空间是一种具有特定信息流的网络空间环境，网络空间突破了现实社会中物理空间的桎梏，但就网络舆情演化而言，并不是完全虚拟的东西，网络舆情的虚拟性体现在它的表现形式具有虚拟性，是无法被触摸的，在网络舆情演化的空间中，其流通的主要内容为与某一社会议题相关的图文视频音频等相关的内容，并以信息流的形式流通，并非物理空间中具有物质能量的流动，在网络舆情演化的空间中，人们可以突破现实社会的限制，即时快速地完成信息交流。了解网络舆情演化空间的特征，有助于了解网络舆情演化的整体进程，网络舆情演化环境是网络舆情发生的社会场域，网络舆情演化空间的环境特征，也使得网络舆情演化具有不同于现实社会生活信息流动的特征。

3.4 基于信息熵的网络舆情形成模型

在网络舆情演化的过程中，许多学者致力于研究网络舆情的形成机制，并且已经取得了很多的研究成果，现有的网络舆情模型在前文中已经有所提及。尽管这些模型可以用局部规则解释共识、极化和碎片化等一些全球性现象，但目前依然缺乏对评价意见的不确定性的统一标准。通常，公众舆论的全球现象是根据意见集群的大小和数量来判断的，这意味着群体中的个体具有相似性或相同的意见。然而，意见集群只是给了我们一个直观而模糊的不同意见的分类，不能定量地反映个体之间意见的不确定性。为了衡量观点的不确定性，本书考虑了信息熵的概念。熵一词是1865年鲁道夫·克劳修斯提出，最初是通过热力学过程解释能量。随后1948年，克劳德·香农在他的论文《传播的数学理论》中介绍进行了阐述，从此之后，在信息论中，熵通常是指香农熵，作为一个随机变量中不确定性的度量。此外，香农熵也可以被解释为信息的度量。在舆论形成过程中，受众不断接受新信息的过程中减少了信息的不确定性。因此，观点的不确定性与信息密切相关，这与香农熵相似。本书引入了香农信息论中的信息熵的概念，用于描述观点的不确定性。利用信息熵，结合现有网络舆情分析模型，进一步提出一个体育赛事网络舆情形成模型，并模拟各种控制条件下的网络舆情形成过程。现有的研究也表明，用信息熵的理论结合网络舆情模型确实可行，文献①为了进一步研究意见熵的动力学，除了基于香农熵的信息熵的定义，还研究了个人意见熵和局部意见熵的概念。此外，还提出了群体意见熵的概念来分析全局现象，根据个人与当地意见的差异熵，信息主体从邻居处获取信息，设计更新意见的地方规则，减少意见的不确定性，并建立舆论形成模型。最后，在模拟实验中，通过Holme Kim（HK）网络上测量了群体的意见熵、个人的意见熵和松弛时间，他的研究实验结果表明，运用HK模型可以合理地描述意见熵的特征和演化过程，有助于理解意见熵的动态变化，并在短时间内减少意见熵。从观点的不确定性的角度来看，舆论形成的过程可以看作是在一个特定的话题中，一个特定群体中的个人根据群体属性关系构建一个网络，一个节点代表一个行为主体，一条边代表主体之间的关系。在公众舆论形成的过程中，行为主体与周边邻居讨论特定的社会议题是很常见的。起初，行为主体有较高

---

① Wu Y，Hu Y，He X H. *Public opinion formation model based on opinion entropy* [J]．International Journal of Modern Physics C，2013，24（11）．

的不确定性，随着讨论的深入，行为主体的不确定性可能会受到周围环境，比如周围邻居的影响从而发生改变。通常，如果个人对自己获得的信息很确定，即个体的观点熵值很小时，个体就会将他的认知与观点就坚持到底。否则，个体对自己的获得的信息不确定性很大，即个人的观点熵值很大，个人就会从邻居那里获得信息，并调整自己的观点。简单来说，在网络舆情演进的过程中，个人从其邻居那里获得信息，以减少其意见的不确定性。所有的观点都直接或间接地聚集在一起，从而产生了该群体观点的集体不确定性。当群体意见的不确定性降低到一定程度并保持稳定时，所有行为主体的意见达到统一，共识就形成了。而在模型演进的过程中，又符合复杂网络的无标度特征，如幂律分布和平均测地线长度较小，同时具有高聚类性。在网络舆情演化中，复杂网络中较大的节点掌握更多的信息，具有更少的信息的不确定性，因此，网络中较大的节点在演化的进程中可能具有意见领袖的作用。因此，在网络舆情演化的过程中，要探讨信息论中不同的影响因素对信息熵的影响和不同条件下信息熵的动力学因素，进而解释对网络舆情演化进程的影响。

运用信息论进行网络舆情观点预测与监管时，就可以根据受众获得的具体的信息熵进行检测管控，如：1. 当群体的初始意见分布均匀，且监管强度较低时，公众舆论无法达成共识。2. 小组意见的稳定不确定性会随着监管强度的增加而降低。如果监管强度高于一个阈值，松弛时间将会减少。3. 如果想使公众对某一社会议题持同意的意见，在相同的监管密度下控制缺点比控制优点更有说服力。相反，对于想要公众对某个议题持不同意的观点，控制专业人士要比控制非专业人士好。4. 控制多数个体会使公众舆论在短时间内达成共识，但要尽可能地控制群体的观点。5. 有极端观点的人不会被轻易地改变观点熵。综上所述，意见熵是评价意见不确定性的有用工具。舆论形成模型有助于探索舆论熵的动态，控制舆论形成。

3.5　网络舆情的演化进程

相比于传统舆情单一的舆情演化进程而言，网络舆情的发展过程在单一的线性的传播模式的基础上产生了很多变化，网络舆情演化进程在多主体多载体的条件下，受众观点在多重社会环境因素的影响下，网络舆情转变为网络舆情主体对网络舆情事件或议题的观点或看法聚合过程以及对网络舆情事件信息扩散的过程，并不断地经历观点聚合、信息扩散以及聚合与扩散交织的三个阶段。

3.5.1　网络舆情演化中的观点聚合

网络舆情演化中的主体围绕某一社会事件表现出较为统一的意见或观点的过程就是网络舆情的观点聚合的过程，在网络舆情观点聚合的过程中，也正是因为网络舆情主体表现出内在观点的一致性才使得网络舆情产生聚合的效果，根据吴永红在研究中也提出"一致性"，并对其做出了定义，他们认为，一致性是指"多智能体网络中的个体按照某种控制规则，相互传递信息、相互影响，随着时间的演化，多智能体系统（Muliti-agent Systems）中的所有个体的状态趋于一致"[①]，即多主体一致的过程。在这个过程中，各主体除了自身的能动性外，主体之间的相互作用也起了重要作用。当某一事件在网络上引起争论时，互联网空间内的各行为主体会根据自身原有的知识与经验对这一事件发表看法，而这些看法形成了不同的观点，网络舆情是围绕某一事态受众的观点与意见的冲突性与一致性发展起来，虽然参与事态讨论的人数众多，但最后都会归为一类或者几类探讨的声音，达到观点内在的一致性，而对这个一致性的研究就是网络舆情观点聚合的过程。网络舆情观

---

① 吴永红，刘敬贤. 多智能体网络一致性协同控制理论及应用［M］. 北京：科学出版社，2013：2-34.

点聚合在网络舆情演化中占有重要的作用，如果网络舆情在产生之初没有形成统一的观点，网络舆情就只会处于杂乱喧哗的阶段，且很容易被其他不同的声音影响而消失，同时网络舆情的预测监管就要在网络舆情聚合之初进行干预，网络舆情在演化的过程中如果产生负面的网络舆情时，代表在网络舆情观点聚合的过程中有大量的网络舆情主体发表了负面的观点或看法，如果不加以管理制止，当这些网络舆情行为主体开始进行网络舆情信息扩散时，网络舆情就更加难以把控。

在网络信息不断聚合成为一种一致意见的过程，利用舆情的传播机制和舆论的管理方式掌握网络舆情演化中的关键节点可以更好地利用和管理舆情。网络舆情传播中涉及许多的利益相关者，不同的利益相关者又具有不同的兴趣爱好和动机。值得一提的是，利益相关者的有限理性和演化模型的动态性也导致了公众舆论传播过程的复杂性。各利益相关者之间存在理性差异，在他们的舆情实践中不可能实现完全符合预设的合理的条件。这些利益相关者会根据自己的兴趣目标和反馈信息不断优化策略，如模仿和学习。目前，对于网络舆论研究主要有两种：一是微观研究，主要关注公众舆论的形成和演变。另一种研究类型是宏观研究，主要关注公众舆论的传播过程及其对社会的影响。与微观研究相比，公众舆论传播过程分析研究较为丰富。

但是，网络舆情的演化并非一个固定的单一静态的过程，网络舆情的演化过程中会出现舆情不断反复的过程，反复出现的网络舆情是指一个已经消散的话题再次出现在公众的视野中，并产生了进一步深入的讨论，这与传染病模型中假设已经康复的患者疾病重新复发同理。参考重复网络舆情相关的影响因素和传播规则，和参考传染病复发传播模型，有学者建立了一个基于SIR-I的网络舆论循环动态传播模型，研究了网络舆论循环传播的影响，并确定了其管理和控制方法。网络舆情的复现是行为主体又将原先引起网络舆情的话题重新开始讨论。有学者认为，这种反复的网络舆情可以分为季节性的网络舆情和突发的网络舆情。季节性反复出现的网络舆情有规律性和普遍存在的固定议程，因此，也具有高度可预测性，以常见气候问题为例进行讨论。例如在中国，许多北方城市冬季降雪，容易发生交通事故和雪灾现象，南方城市夏季更容易出现降水过量现象，造成严重的洪灾，这两种情况都引起了周期性的网络舆情。这类事件通常与民生密切相关，但随着每年社会发展进程的不同，官方政府所采取的策略措施有所不同，因此，公众经常关注或参与互联网上反复出现的讨论。但突发性的网络舆情具有突发性、不规则性、不可预测性，但有些突发性的事件也容易转化为具有周期性的反复讨论的舆情事件，如影响全球经济状况和生命安全的新冠病毒的传播，起初为突发性的舆情事件，但随着对受到感染的患者的不断治愈和新冠疫苗的出现，受众对于新冠疫情的网络舆情讨论已经转化为重复出现的网络舆情。在网络舆情发展的过程中，人们关注事件本身，探索事实真相，并对事件本身给出各种意见和评价。随着事件的发展，政府官方给出回应，随后事件逐渐平息，越来越少的人发表评论，直到网络讨论最终停止。当原事件中出现新的运动，如决策人的行动，新事实的出现，或类似于原事件的情形，受众很容易将其与原事件联系起来，就导致网络舆情不断地出现观点聚合，信息扩散的过程。网络舆情的不断反复可能会产生深远的影响，导致逐渐转化为一个社会问题。一些反复进行的讨论也可以将单一事件的刻板印象提升为社会群体形象。

网络舆情演化的过程中，舆情信息在演化的内部经历不断的聚合扩散导致网络舆情出现反复的现象，在网络舆情不断反复的过程中，有一些外在的影响因素。一般来说，表达网络舆论具有自由、突然、多样性和互动的特点，目的是通过表达对事件的发生、发展和处理的情绪、态度和欲望来影响公众对一个主题的舆论。因此，网络舆论反复的影响因素与网民的行为、政府回应、媒体报道以及事件本身有关。在中国的媒介环境中，中国政府主要通过媒体渠道或其他直接方式对网民的评论和行为进行监控和指导，以此来管理和控制公众舆论。媒体通过报道事件，是舆论传播的载体，也通过传播积极舆论来帮助政府控制舆论。舆论热度、舆论控制有效性、事件话题相关性等因素也对网络舆情的演化具有重要影响。

舆论热度：舆论热度是指对事件的关注程度，反映在舆论数量的增加和网络舆论空间的扩大上。舆论热度越高，人们关注事件越多，事件引发的讨论越多，影响就越大，给人们留下的印象就越深刻。当一个新事件发生时，该事件的影响力越大，原始事件的公众舆论热度就越高，它就越有可能导致复发。网络舆论热度通常以互联网平台上关于事件的总信息来表示。因此，网络通信热指数与新闻媒体、微博、微信讨论、客户意见、网站数量、论坛数量等互联网平台上发布的信息有关。

控制有效性：在线公众舆论不仅允许理解公众的情绪，但也会导致一些负面后果矛盾，和负面情绪发布的无序在虚拟空间因为"蝴蝶效应"，这意味着事件可以演变成公众舆论危机事件。因此，如果这些事件没有得到有效的控制，就可能会产生破坏性的后果，如网络欺凌和侵犯声誉和隐私，毫无根据的谣言会破坏市场秩序和社会稳定。因此，政府在控制和压制公然的公众舆论方面极其重要。如果政府和相关部门通过强制性指导或虚假陈述对舆论控制处理不当，可能会进一步煽动舆论。当类似事件发生时，避免以往的任何暂时减少，公众舆论再次爆发，导致对政府或社会更大的信任危机。

事件主题相关性：事件主题越相似，唤起的记忆就越多，公众舆论的重复程度就越高。主题相关性意味着新事件和原始事件都集中在一个类似的主题上，这意味着在早期的公众舆论和反复出现的公众舆论之间存在着认知关联。因此，事件主题相关性越高，越有可能引起舆情复发。

3.5.2 网络舆情演化中的信息扩散

网络舆情具有庞大的信息覆盖范围，相比如传统的舆情演化，网络舆情中的演化主体除了可以主动接受信息外，还可以作为信息源将各种信息通过不同的渠道有选择的发布出去，网络舆情发生后，网络舆情主体以互联网空间为载体，在网络空间中进行多方面的虚拟接触，将网络舆情从最初的信息源获取，经由扩散机制扩散到各处，网络舆情从信息源扩散开来，在网络舆情信息扩散过程中，网络舆情主体在接收信息的同时也充当信息的发布者，网络舆情信息扩散过程不同于信息聚合过程，信息扩散过程不探讨信息的一致性，而将关注点放在信息扩散后的覆盖范围，网络舆情信息扩散是网络舆情在网络空间的多样化主体行为经由一定的时间，特定的渠道而形成的传播。

3.5.3 网络舆情的观点聚合与扩散

网络舆情的发展具有主体多样性，与传统舆情相比较，受众发生了巨大的变化，信息也由原来的单向传播变为多向传播，受众接收信息的同时也在传播信息，单一主体接收信息与传播信息的渠道也会发生变化，因此，网络舆情的整个生命周期中不断地出现观点的聚合扩散再聚合再扩散，网络舆情演化中的观点聚合与信息扩散并不是两个相互独立的过程，他们互相影响，互相作用，形成非线性的观点聚合与扩散交融的态势。当特定的网络舆情事件进入个人的感知空间时，人们会从自己的经验结构出发形成一定的态度、情感和意见倾向，并最终以个体观点的形式呈现在虚拟的网络空间里，经由个体之间的关系网络，原本杂乱纷呈的个体观点随着个体间的交互行为不断收敛、聚合，进而逐渐消解个体观点之间的差异性，最终以相对一致的观点构成网络舆情；这种具有相对一致性的观点更能引发社会的普遍关注，进而促进舆情信息的扩散。由于网络舆情演化空间具有开放性，在网络舆情演化过程中，会不断有新的个体加入，现存的个体也会受各种内在或外在因素的影响而不断流失，这就构成了网络舆情的信息扩散过程，经由这一过程，网络舆情信息覆盖的受众从初始时刻较小的规模拓展到数量庞大的网络人群，从微观层面的个体行为来看，新加入的个体通过与其他个体的观点交互行为改变自身观点，同时也会影响到现存的观点秩序，因此，网络舆情信息的扩散与个体观点的聚合是相互伴随、相互影响的，它们具有过程上的交融性。

第四章　体育赛事中的网络舆情
演化及其特殊性分析

在人类演进的历史长河中，体育赛事也随着人类社会的发展不断地演进变化，在体育赛事的发展过程中，也经历了许多的阶段与过程。早期的人类体育运动的发展是在宗教仪式的基础上发展而来的，古希腊人民的信奉神社，每逢盛大的祭祀节日就以跳舞竞技等形式作为供奉节日的仪式，随着仪式规模的不断扩大，现代奥林匹克运动会逐渐演化成体育竞赛的模式，因此，在古希腊，以体育运动为主的奥林匹克运动在人们心目中占有重要的地位，而早在公元前2700年，为了适应生存发展，必须练就一身本事，在中国就有了徒手武术。而随着社会的发展，宗教意义上的神圣的活动开始转向为以游戏为主的娱乐活动，"蹴鞠"就是在由古代的娱乐活动转变而来，发展为现代足球，古代的"投壶""骑射"等活动起初也是以娱乐的方式出现，后来经过不断的演化转变为现代奥林匹克运动。以"游戏"为主的竞技活动为体育事业进一步的发展奠定了坚实的基础，娱乐为主的体育活动规则更加自由，也更有趣味性，发展为以竞技为主的体育活动后，竞赛活动的内容更加完整，比赛的规则也更加完善。

不管是从娱乐意义上发展而来，还是从宗教仪式上发展而来，随着时代的发展，政治、经济、文化、科技等众多元素已经融入现代体育事业中，体育竞赛的活动变得越来越复杂，体育的内涵与外延也发生了巨大的变化，"竞技体育""大众体育""全民运动"都成为体育赛事发展中的一个部分。现如今，举办大型赛事，尤其是综合性赛事已经成为展现一个国家或一个地区综合实力的重要方式。随着社会政治经济的发展，体育在人民群众的日常生活中的比例开始增多，"全民健身""三亿人上冰雪""将体育考试加入中高考考试科目中"等一系列政策的颁布也体现出国家对于体育事业发展的重视，体育赛事也呈现出与社会发展相适应的特征，不同类型的体育赛事具有不同的演化规律与特征，因此，有必要对体育赛事进行分类，对于体育赛事的分类研究，一部分学者将其与社会发展的宏观背景相结合，并按照分类学的规则与方法严格分类，将体育赛事本身的特点作为切入点进行分类研究，呈现出清晰丰富的赛事类别，对于体育赛事的类别进行总结归纳，可以有效地对体育赛事的规则与原则进行系统的研究。

4.1　体育赛事分类

国际体育赛事在近代的发展，奠定了当今以全球性与地区性结合、综合性与单项相结合的国际体育赛事格局，创立了奥运会、足球世界杯等具有重大影响力的品牌赛事。国际体育赛事在如此短的时间得到如此迅速的发展并非偶然，而是由其内在的各种因素以及当时的社会文化等多方面条件共同作用的结果[①]。如工业革命所做的重要物质积淀、宗教改革带来的思想解放与大力推动、多元文化交融与世界统一历史形成等。但也不可否认，国际体育赛事的产生与殖民宗主国文化侵略、受压迫民族国家争取解放的过程相统一。在进行体育赛事分类之前，首先对体育赛事的相关概念进行阐述，体育

---

① 苏雄. 近代国际体育赛事的形成与发展管窥［J］. 首都体育学院学报，2006（06）：25-27.

赛事是一种提供竞赛产品和相关服务产品的特殊事件，其内涵包括：提供竞赛产品和相关服务产品，受竞赛规则、传统习俗和多种因素的制约；其外延具有项目管理特征、组织文化背景和市场潜力；其作用能够迎合不同参与体分享经历的需求达到多种目的与目标对社会和文化、自然和环境、政治和经济、旅游等多个领域发生冲击影响能够产生显著的社会效益、经济效益和综合效益①。体育赛事中又包含运动竞赛、竞赛组织、赛事策划、赛事管理等部分。学者对于运动竞赛的界定有狭义和广义两个方面的界定。"狭义的定义是指在裁判员主持下按统一的规则而组织与实施的运动员个体或运动队之间的竞技较量"。广义的运动竞赛认为，"运动竞赛是人类的一种实践活动是一个特殊的过程有明确的目的性和鲜明的竞技特征以及完善的规则和一整套竞赛办法及决定竞赛胜负的法律依据"②。竞赛组织是针对赛事本身的估计规则和场地要求，比赛时常等对体育项目本身进行组织规划，赛事策划是根据体育比赛的目的与要求，在原有条件的基础上，分析设计最优的体育竞赛组织方案。

体育赛事的分类要有一定的严密性与科学性，学者王子朴根据"周期与主体"交替主导的分类原则，认为在人类社会中，许多的现象都呈现出一种规则与不规则的周期运动，因此具有"周期性"，规则的周期赛事中，在一定的时期中，规则性的体育赛事是指在每次的体育赛事中，每次比赛的时间间隔、比赛规模、比赛内容、比赛的形式都相对统一，不规则的体育赛事中，每次比赛举办的时间与内容都不确定，而"主客体"在他的研究中主要是指直接或间接参与体育赛事的主体人群，分为比赛主体与比赛客体。主客体分明的情况是指每次参与体育赛事的主体与客体之间有明显的界线和区

① 王伟中. 大型体育赛事对场馆的综合效应分析 [J]. 南京体育学院学报（自然科学版），2009, 8（04）：144-145.

② 王子朴，杨铁黎. 体育赛事类型的分类及特征 [J]. 上海体育学院学报，2005（06）：24-28.

别，主客体统一是说在体育赛事中，体育比赛的主体和客体没有明显的区别与界线。在周期性与主客体的基础上，又根据比赛的周期、项目、模式、区域等影响因素将体育赛事分为以下几类：周期性综合赛事、周期性单项赛事、联赛、临时性赛事、主体参与型赛事。也有学者根据国际上比较权威的节事分类法进行分类，在这种分类方法中，根据不同的分类标准将体育赛事分为不同的类比。如按照举办日程，将赛事分为定期/传统的体育赛事和一次性的体育赛事；按照比赛项目与内容将体育赛事分为单一比赛和综合性比赛；按可进入性，将比赛分为公开性、不公开性和准公开性；按举办的目的将赛事分为观众导向型和参与主导型；按专业程度分为专业和业余；按影响范围分为国际、全国性、区域和地方性；按赛事结构将比赛分为短期锦标赛和年度联赛；按规模大小，分为超大型、大型和小型[①]。

本书在前人研究的基础上，结合体育赛事分类依据，将体育赛事按人数划分分为单人和团体，按体育项目划分分为单项赛事和综合性赛事，个人和群体的划分将侧重点放在比赛人数上，单项与综合赛事将侧重点放在比赛项目之上。即在单项比赛和综合比赛中，均有单人赛事和团体赛事。本书的研究重点放在具有周期性和影响力较大的单项体育赛事和综合性体育赛事中，在此基础上，基于不同比赛的特征，在香农信息理论的基础上，运用复杂网络传播方法对不同类型的体育赛事网络舆情演化进行分析研究。

4.1.1　单项体育赛事

随着19世纪末、20世纪初各类国际体育组织的成立，以1851年第一届美洲杯帆船赛为标志，各类国际单项赛事也纷纷成立。1930年在乌拉圭的蒙得维的亚举办的世界杯足球赛是这类赛事中影响最大的一项。除足球外，其他

---

① 陶卫宁. 体育赛事策划与管理［M］. 重庆：重庆大学出版社，2015：9.

体育项目也纷纷效仿"世界杯"作为荣誉奖励①。

　　单项体育赛事具有运动项目单一、比赛内容简单、专业水平较高等特点，例如世界足球锦标赛、马拉松比赛、全国田径锦标赛，各大联赛等都属单项体育比赛。单项比赛赛程简单，参赛人员与工作人员较少，一般情况下不会新建单独的场馆，都是在现有的场馆中举办，运动员的食宿问题较好解决，观众也较少，一般而言，单项比赛只需要一个市或一个省就能很好地运转，无须举全国之力，单项比赛的开幕式时间也较短，投资成本也低。在单项体育比赛中，分为个人赛和团体赛两个类别，另外单项体育比赛中有具有周期性的赛事，如四年一届的世界足球锦标赛，也有没有时间规律的体育赛事，如临时性的友谊赛，商业比赛，如教职工钓鱼比赛、登山比赛等。单项体育比赛的受众群体相对来说比较单一，由于单项体育比赛一般而言是某项具体运动的比赛，因此，举办方和观众相对于综合性体育比赛而言，专业性更强。多为专业或资深的球迷或者资深爱好者，在单项体育比赛中，发生网络舆情时，网络舆情的传播主体多以圈层为主，首先在小范围内传播，在这个传播过程中，以本项赛事为主的媒体或本项赛事的资深球迷爱好者在舆情传播过程中扮演重要的传播主体的作用，传播主体在这个过程中发挥极其重要的作用。也正因为如此，在单项比赛中，网络舆情的传播范围较小，产生的网络舆情的影响自然没有综合性赛事中产生的网络影响大。

（1）个人赛事

　　单项体育比赛中的个人赛事的网络舆情发展与单项赛事本身的网络舆情是难以剥离的，单项体育比赛中的个人赛事是本书赛事分类中产生网络舆情较小的赛事类别。在研究单项体育赛事的个人比赛中，产生舆情较多的赛事

---

　　① 苏雄. 近代国际体育赛事的形成与发展管窥［J］. 首都体育学院学报，2006（06）：25-27.

多以小球或不需要多成员就可完成的为主，如乒乓球比赛、网球比赛等。以法国网球公开赛为例（下文简称"法网"），是一项在法国巴黎罗兰·加洛斯球场举办的网球赛事，通常在每年的5月至6月进行，是每年第二个进行的网球大满贯，该赛事创办于1891年，是网球比赛唯一一个在红土球场上进行的网球大满贯，标志着红土赛事中的最高荣誉。每年的法国网球公开赛都会有众多著名球员参赛。男子和女子比赛各有128名单打选手和64对双打组合参赛。比赛组委会也为获胜者准备了丰厚的奖金，2011年，李娜2-0力克上届冠军，中国人首夺大满贯单打冠军。2020年10月10日，伊加·斯维亚特克以6-4、6-1的比分力压索菲亚·肯宁，夺得2020年法国网球公开赛女单冠军，她也成为历史上首位波兰籍大满贯女单冠军。11日，拉菲尔·纳达尔和诺瓦克·德约科维奇之间第9次大满贯决赛之争演变成一边倒的横扫，状态出色的红土之王以6-0、6-2、7-5的比分完胜，摘得个人第100场罗兰加洛斯的胜利。纳达尔强势卫冕，第13次在法网封王，继而追平罗杰·费德勒的大满贯20冠纪录。

单项体育赛事个人比赛中产生网络舆情的方面主要有运动员本身的影响力和赛事本身的影响力两个方面，如法网中，在赢得2011年法网女单冠军的同时，李娜成为第一位获得大满贯的亚洲选手，同时李娜的世界排名上升至第四位，追平日本选手伊达公子创造的亚洲最好成绩；2012年法网结束女单冠军的争夺，俄罗斯美女莎拉波娃夺得冠军，至此她成为网球史上女子选手的第十位全满贯获得者；2014年法国网球公开赛，彭帅搭档谢淑薇夺得法网女双冠军，是我国选手第一次夺得法网女双冠军头衔；2016年法国网球公开赛，德约科维奇第四次冲击火枪手杯终于如愿以偿，成为历史上第八位、公开赛时代第四位完成生涯全满贯的男选手；2021年6月14日，在法网男单决赛中，德约科维奇以6-76、2-6、6-3、6-2、6-4击败斯特凡诺斯·齐齐帕斯，第二次捧起法网男单冠军奖杯，成为公开赛时期以来首位成就双圈全满贯的球员。

这些议题在不同类型的复杂网络中会产生不同的传播效果，单项体育赛事最容易以圈层的形式扩展，传播主体之间的关注关系与好友关系影响到舆情传播的方向，同时多种媒体平台共同进行的裂变式的传播特性也影响舆情传播的速度与传播的范围。复杂网络传播的拓扑结构和动力学传播模型运用到单项体育赛事传播中时，由于单项体育赛事赛程简单，比赛结果显而易见争议较少，信息的传播过程中内容不会发生太大的改变，但是舆情的传播话题具有较强的衍生性，却也可能制造新话题。因此，传统的演化模型例如SIR模型就已经不适用于描述舆情的传播过程。在现有的复杂网络的基础上，现有SIR模型没有考虑网络中信息的"裂变式"传播特性以及舆情话题的衍生性等因素，也无法准确描述微观个体的具体行为，因此，不适合用来描述复杂网络中舆情的传播过程。但也有学者基于有向BA网络提出具有直接免疫效应的舆情传播SIRS模型，该模型认为，当舆情事件衍生出新话题时，个体由免疫态转变为传播态的概率与社会影响以及个体接收到舆情信息的次数有关。

（2）团体赛事

在单项体育赛事中，团体比赛相比于个人比赛，又具有较强社会影响力。单项比赛的团体赛事中，在单项体育赛事团体比赛中，容易引发网络舆情的体育赛事多以需要多名运动员联合完成的比赛为主，其中重要的一些比赛，如联赛、世界杯等。联赛具有区域性较强和项目性较强的特点，因此，组织管理模式也相对固定，一般常见于国家或地区，例如意大利足球甲级联赛、北美职业冰球联赛、世界篮球联赛等。世界杯比赛中，比较受喜爱的如国际男足世界杯、女排世界杯、男篮世界杯。以国际足联世界杯（FIFA World Cup）为例（简称"世界杯"），是由全世界国家级别球队参与，象征足球界最高荣誉，并具有最大知名度和影响力的足球赛事。世界杯全球电视转播观众超过35亿，世界杯每四年举办一次，任何国际足联会员国都可以派出代表队报名参加这项赛事①。巴西国家队是夺得世界杯冠军最多的球队，共计获得5次冠军，并在三夺世界杯后永久地保留了前任世界杯冠军奖杯雷米特杯。现代足球发源地为英格兰，其代表队在1966年首夺世界杯。而现在的世界杯奖杯是大力神杯，由四夺世界杯冠军的德国在1974年首次捧杯并一直沿用。2002年韩日世界杯，中国国家队首次晋级世界杯决赛圈，也是唯一一次中国男足进入世界杯决赛圈，2018年，法国队夺得2018俄罗斯世界杯冠军。

在这个体育赛事类别中，体育赛事在各平台的发文数量与内容基本遵从体育赛事报道的基本规律，基本都是随着赛事的不断进行，在时间序列上呈现大小高潮的演进规律，但是在网络媒体上，体育赛事的网络舆情并不会和比赛的进程一样，在比赛开始之初就立马产生网络舆情，而是随着体育赛事的进程越来越激烈，受众对于该项赛事产生大量的交互行为之后，网络信息开始聚合产生网络舆情。而在网络信息聚合的过程中，就有大量的正面、中性或负面的信息产生，在大多数情况下，体育赛事开始之初往往呈现出不同的情绪观点，但随着比赛的深入，某类观点的受众增多后，网络舆情热点开始涌现，进入高潮期后，许多开始期的个体观点在经历了扩散期网络舆情演化后，会出现"观点极化"现象。而随着比赛逐渐接近尾声，"观点极化"现象也开始逐渐消退，这也与信息生命周期理论中的信息生命周期经历的几个阶段有共同之处。而在大数据推动下，体育赛事网络舆情可以瞬间完成信息聚合过程，尤其在体育比赛这种专业性较强，受众较为专一的事件来说，受众本身就具有热爱某项体育赛事特性，在现实生活中也更关注体育赛事，在现实社会分散的互联网用户通过某种体育赛事的链接进行信息交互信息汇集形成社会化网络。而在以评论转发点赞这种简单表征中，信息也就汇聚成网络舆情，而在受众表达观点时，通常夹带对于具体事件的观点认同、情感

---

① 木子. 2022体育大事记［J］. 体育博览，2022（02）：90-93.

认同和价值认同。体育赛事的网络舆情发展不同于其他的社会事件，体育赛事网络舆情的情感倾向与体育赛事的结果有很大的关系，就如同国人对于中国女排和中国男足抱有不同的期待，自然在两者的比赛中形成不同的网络舆情。尽管体育比萨跨越地区、跨越国家、跨越种族，但是在网络舆情的发展过程中，尤其在网络舆情信息聚合的过程中不可避免地具有族群意识。无论是在单项比赛中还是在综合性比赛中，"中国""韩国""日本""俄罗斯"等具有地域性的名词也具有很高的频次，族群意识是一直能够民族认同感的外在表达形式，体育赛事网络舆情信息聚合的过程中，受众出于心理、地域接近性或者出于民族认同感，较容易出现强烈的族群意识。如成都大运会举办时，成都市民，尤其是成都市的体育爱好者相较于其他市民就会更具有族群意识。各体育类院校相较于其他综合性院校的师生也更具有族群意识。在体育网络舆情演化的过程中，除了族群意识发挥重要的作用外，"体育圈层"也发挥着重要的作用，尤其是在专业性更强的单项体育比赛中，"圈层"是指文化共性和共同价值具有紧密联系的群体，也可以理解为有共同连接的社会关系网。而体育圈层的形成与社会阶层的形成具有很大的差异性，体育圈层的形成主要是由圈层内的个体具有相同的兴趣爱好、相同的体育项目特长、喜爱相同的体育运动明星等共同的属性聚集在一起，而在大数据的背景下互联网的加持下，体育圈层在信息沟通上和信息传播上也开始扩大，不再只是局限于自己所属地区的体育赛事，体育圈层的规模扩大到了全球，圈层带来了群体的凝聚力，也增强了族群意识的表达，但同时，在体育赛事网络舆情发展的过程中也具有很大的作用。而这种体育圈层的形成在单项体育比赛的网络舆情以裂变的方式传播迅速。单项体育赛事话题的产生影响系统到达稳定状态的时间以及最终网络中接收到舆情信息的用户数，社会影响越大，传播越快，传播范围越广，传播率则影响传播范围而未影响传播演化的趋势。

4.1.2　综合体育赛事

除了奥林匹克运动会之外，世界各地都在20世纪早期开始举办具有综合性的运动赛事。有1926年在墨西哥城举办的第一届中北美加勒比地区运动会、1932年在巴勒斯坦举行的首届马卡比运动会，1932年保加利亚、希腊、罗马尼亚和南斯拉夫共同参加的第一届巴尔干运动会，1934年印度、阿富汗、锡兰和巴勒斯坦参加了只举办过一次的西亚运动会。1951年由十四个国家参加的第一届亚洲运动会在新德里举行，1959年包括12项运动项目的东南亚半岛运动会在泰国曼谷召开，这是早期综合性体育赛事的举办历程①。

综合性的体育赛事不同于单项体育比赛，具有两个或两个以上的综合性的体育赛事活动，体育赛事活动的综合性比较突出，综合性赛事的比赛规模、参赛层次、举办地等都比较宏大，参赛人数和社会关注度也相对比较大。大型综合性运动会无论是场馆建设、人员的招聘、举办城市的污染控制、安保人员的训练和集合、酒店的安排、交通的控制、食物安全问题和规模各方面都不是单项赛事可以比拟的，比如奥运会申办成功需要多年的时间来进行场馆的建设，在资金投入方面要远远超过单项比赛，开幕式、闭幕式作为一个国家的文化宣传的重要途径，举办方在开幕式上也要煞费苦心，大型国际体育赛事与社会发展有着密切的关联，随着社会的发展，大型国际体育赛事显现规模大、涉及项目广、参加和出席人数众多、竞技水平高、影响面广、申办、筹办周期长、市场化运作、政府积极参与、科技含量高等显著特征②。

以奥林匹克运动会（Olympic Games，简称"奥运会"）为例，奥林匹

---

① 苏雄. 近代国际体育赛事的形成与发展管窥［J］. 首都体育学院学报，2006（06）：25-27.

② 唐晓彤. 大型国际体育赛事对社会发展的波及效应［J］. 广州体育学院学报，2007（01）：26-28.

克运动会发源于两千多年前的古希腊，因举办地在奥林匹亚而得名。古代奥林匹克运动会停办了1500年之后，法国人顾拜旦于19世纪末提出举办现代奥林匹克运动会的倡议。1894年成立奥委会，1896年希腊雅典举办了首届奥运会，1924年举办了首届冬奥会，1960年举办了首届残奥会，1976年举办首届冬季残奥会，2010年举办了首届青奥会，2012年举办了首届冬青奥会。奥林匹克运动会是国际奥林匹克委员会主办的世界规模最大的综合性运动会，每四年一届，会期不超过16日，是世界上影响力最大的体育盛会。奥运会分为夏季奥林匹克运动会、夏季残疾人奥林匹克运动会、冬季奥林匹克运动会、冬季残疾人奥林匹克运动会、夏季青年奥林匹克运动会、冬季青年奥林匹克运动会、世界夏季特殊奥林匹克运动会、世界冬季特殊奥林匹克运动会、夏季聋人奥林匹克运动会、冬季聋人奥林匹克运动会十个运动会。奥运会中，各个国家和地区用运动交流各国文化，以及切磋体育技能，其目的是鼓励人们不断进行体育运动①。

典型的综合性赛事如四年一届的冬夏季奥运会、亚运会、全运会、城运会、大运会等。这类赛事由于比赛规模较大，与社会经济的发展也直接挂钩，综合性体育赛事在赛事标识，如赛事吉祥物、赛事格言、赛事会旗等各个方面都具有重要的象征意义。从赛事经营的角度而言，综合性赛事在组织管理的过程中，这些具有象征意义的事物可能为体育赛事本身带来较大的经济收益和重大舆论影响，在扩大赛事影响力的同时，也增加了冬奥会的经济收益，使冬奥会的网络舆情也一直处在正面积极的状态。但综合性的体育赛事不仅单由多个单项体育赛事集合而成，相较于多个单项体育赛事的集合，综合体育赛事中的网络舆情更加复杂和多元，比赛项目与比赛项目，比赛受众群体等之间都有所不同，其是综合体育赛事中的团体比赛，不仅体现出一个国家一个地区整体的竞赛水平，在大型综合性赛事中，也是国家荣誉感，

---

① 奥林匹克运动会简史［J］. 新体育，2021（12）：11-17.

民族集体感等的集中体现。

（1）个人赛事

综合性比赛中的个人赛事相较于单项体育比赛比赛中的个人赛事具有较大的影响力，就以乒乓球比赛而言，地区举办的乒乓球比赛无论是从规模还是办赛影响力都比不上奥运会，全运会这类综合性比赛中的影响力，但是就光综合性比赛而言，综合性赛事中的个人赛事的影响力也小于团体比赛，如东京奥运会中，男女单乒乓球比赛和混双相比，混双比赛具有更广泛的影响力。2020年东京奥运会乒乓球比赛于2021年7月24日至8月6日在东京体育馆举行，首金在混合双打项目中产生。2021年7月26日，水谷隼和伊藤美诚获得乒乓球混合双打冠军。2021年7月29日，陈梦以总比分4-2击败孙颖莎，获得东京奥运会乒乓球女单冠军，7月30日，在东京奥运会乒乓球男单决赛上，马龙以4-2战胜樊振东，成为奥运会史上第一位卫冕男单金牌的球员。8月5日，中国队夺得东京奥运会乒乓球女子团体金牌。8月6日，由马龙、樊振东和许昕组成的中国队获得东京奥运会乒乓球男团冠军。

尽管是个人比赛，但在综合性比赛中，信息的传播已经脱离单项体育赛事中的圈层传播，传播主体由单项比赛中相对特定的行为主体转化到更广泛的主体中，在综合性比赛中，行为主体本身可能是原本并不会一直关注体育赛事或者不会关注某项体育赛事的行为主体，但在影响力较大的综合性赛事进行的过程中，也会主动或被动的接收或扩散信息，因此，综合性赛事的网络舆情以集群的方式进行观点聚合与扩散，在这种赛事中，模拟微观个体的行为变得艰难。基于用户关注关系形成了有向的无标度网络，在复杂网络中，传播主体拥有"关注者"与"被关注者"两种角色，传播主体B关注传播主体A，说明传播主体A是"被关注者"，传播主体B是"关注者"。当A发布信息时，该信息由A传播给B；当B发布信息时，该信息不会传播给A。因此，传播主体关注关系指明了信息的传播方向，基于用户关注关系形成的网络应是一个有向网络。在SIR传播模型的基础上发展出来的SIRS模型基于这样三个基本的假设：网络中的用户无新增或移除情况，即模型所构建网络为静态网络；在复杂网络中，某个舆情所产生的衍生话题数不可估量，假设如果传播主体对舆情感兴趣，则在演化过程中该个体会重复传播该事件的相关话题；某传播主体发表关于舆情的微博信息后，其关注者均能获知该信息。基于关注关系所形成的微博网络是一个有向的、服从幂律分布的复杂网络，网络中的个体根据是否传播舆情某话题信息分为三种状态：未接收到舆情某话题信息（S）、接收到某话题信息并进行传播或者制造新话题（I）、接收到对该信息不感兴趣话题信息（R），显然，将SIRS传播模型放置在单项体育赛事网络舆情演化过程中时，出现了部分舆情演化假设不切合的地方，网络中的用户有新增与移除的情况，网络舆情演化中的网络为动态的网络，通过综合考虑该模型在复杂网络中信息传播的裂变性、舆情话题的衍生性等特点、体育赛事的特点、社会媒体以及个体记忆等因素，发现综合性体育赛事话题的产生影响系统到达稳定状态的时间以及最终网络中接收到舆情信息的用户数，社会影响越大，传播越快，传播范围越广。

（2）团体赛事

综合性赛事中的各项团体比赛的网络舆情相较于其他类型的赛事，赛事影响力更广，赛事传播范围更大，赛事的受众群体也更多，在综合性体育赛事中，民族荣誉感、国家形象等议题在综合性赛事网络舆情中很有可能占有大量比重。如2016年夏季奥运会女子排球比赛是国际排联和国际奥委会举办的第31届里约奥运会的比赛项目。比赛于2016年8月6日至8月21日在巴西里约热内卢举行。共有十二支球队参与比赛，中国女排在2015年女排世界杯获得冠军，携手亚军塞尔维亚队获得2016年里约奥运会参赛资格。北京时间

2016年8月21日，在里约奥运会女排决赛中，中国队3：1战胜塞尔维亚队获得金牌。

在探讨综合性体育赛事网络舆情演化时，了解网络传播技术基础很有必要，大数据以信息为主要对象，计算机技术是大数据背景下的主要研究工具，大数据的发展也为人类扩展信息功能尤其是智能信息方面为主要的研究目标，而信息论以信息为基础，研究信息的本质，并运用数学的方法解释信息的传输、转换过程，通过信息论的方法运用信息观点，把研究客体视为信息的获取、转换、处理、反馈等具有目的性的运动过程，以达到对复杂的信息运动过程的规律性认识①。

网络社会中人们对于体育赛事尤其是国际综合性的体育赛事中的观点不只是赞成或反对的二元离散情形，而通常可能是多元甚至是连续型的观点状态，在综合性体育赛事中，研究连续型观点演化动力学在Weisbuch-Deffuant模型和Hegselmann-Krause模型连续型观点演化模型中，个体观点的改变仅考虑与其观点差异小于确定性阈值的某一个邻居的观点，且模型中个体间的连接拓扑是固定不变的。HK模型是基于有限信任模型进行改进后的一种连续的观点交互模型，HK模型假设用户在进行观点更新时，只考虑部分用户对自身的影响，这部分用户的观点与自身观点值的差的绝对值在一定范围内，这个差值就是信任阈值。除此之外，也有学者提出了NCO模型（non-consensus opinion model）非一致意见模型，社会动态观点模型已被广泛研究，以理解个体之间的互动如何导致观点的进化。大多数利用自旋相互作用模型的意见模型通常会产生一个只有一种意见存在的共识稳态。由于在现实中不同的意见通常共存，非共识意见模型认为，在一定阈值以上，两种意见以稳定的关系共存。随机网络中的NCO模型显示出一个属于规则的二阶相变，即平均场

---

① 梅琼林. 克劳德·香农的信息论方法及其对传播学的贡献［J］. 九江学院学报，2007（06）：1-5.

渗流，其特征是出现一个少数观点的大跨越簇（在一定的阈值以上）。在确定NCO模型的未来意见（NCOW模型）时，我们通过在每个人的原始意见中添加一个权重因子W来推广NCO模型。学者研究发现随着W的增加，少数意见持有者倾向于形成稳定的集群，其初始少数意见的比例小于NCO模型。有学者还基于NCO模型的非共识意见模型，即不灵活的反向意见（ICO）模型，它引入了僵化的逆向者，在稳定状态下模拟两种观点之间的竞争。不灵活的逆向者是指从不改变自己最初的观点，但可能会影响他人的观点。为了将不灵活的逆向策略放置在ICO模型中，逆向有效地减少了两种策略中最大的竞争意见集群的规模，但在目标方法下效果更为明显。前文中提到的模型以前都在单一网络中进行过探索，但人类社区通常是相互关联的，而不是孤立的。由于意见不仅在单个网络内传播，而且在网络之间传播，而且网络内的意见形成的规则可能与网络之间的规则不同，研究耦合网络中的意见动态。每个网络代表一个社会群体或社区，连接来自不同网络的个人的相互依赖的联系可能是异常强大的社会联系。对每个个体网络应用非共识意见规则，对相互依赖的对应用全球多数规则，这样两个具有不同意见的相互依赖的主体，由于大众媒体的影响，将遵循整个人口的多数意见。每个网络内的意见交互和网络间相互依赖的链接周期性地交织，直到达到稳定状态。学者在研究NCO模型的中得出的结论为：对于耦合网络上的NCO模型，通过相互依赖的联系进行的互动可以将非共识意见模型推向共识意见模型，该模型模拟了增加的大众传播导致人们持有越来越相似的观点的现实。学者还发现，相互依赖链接的影响在相互依赖的无尺度网络中比在相互依赖的网络中更明显①。

---

　　① Qian L，Braunstein L A，Wang H，et al. *Non-consensus opinion models on complex networks*［J］. Journal of Statistical Physics，2013，151（1-2）：92-112.

另外，DW模型界定个体考虑部分相邻个体的观点即可进行观点更新，而HK模型界定个体观点更新要充分考虑周围所有阈值范围内相邻个体的观点影响。DW模型假设群体中所有的主体都有一个意见的初始分布，并且一个人的意见的价值在一个有限的区间[0, 1]中是有限的。在DW模型中，个体在给定的连接网络中的每个时间中随机地成对相遇。当他们的意见差异小于阈值时，他们会重新调整自己的意见。相比较而言，有界信任模型中的HK模型能充分考虑周围所有阈值范围内相邻个体的观点所形成的舆论环境，能更为客观地揭示群体观点演化规律，但仍未考虑到相邻个体的观点差异分布[①]。事实上，不管在现实生活中还是社交网络中，个体的观点更新不可避免地要受到自身所处交流环境的影响，甚至可能存在多种观点趋向的交流环境，分析群体观点演化问题必须充分考虑信息环境的影响[②]。在该模型中，每个主体都可以选择自己的信任半径。在具有静态（有时称为封闭思想）主体的HK模型中，所有主体的半径都为1或0。虽然大量的模拟指出该系统的收敛，但仍然是难以捉摸的[③]。

然而，随着社交媒体的发展，个体与他人的连接方式是不断变化的，且能够获取与其接触的所有邻居的观点。基于此，运用活动驱动网络构造自适应网络结构并研究其上的观点动力学，建立网络结构与观点共演化的连续型观点演化模型。为了更加准确地刻画真实社会网络中个体之间相互作用的活动行为和观点不只是非黑即白的情形，构建了活动驱动网络上的连续型观点演化模型，研究网络结构和观点动力学共演化过程。模型中每一个个体持有

① 李根强，刘莎，张亚楠，孟勇. 信息熵理论视角下网络集群行为主体的观点演化研究［J］. 情报科学，2020，38（01）：42-47+86.

② 李根强，刘莎，张亚楠，孟勇. 信息熵理论视角下网络集群行为主体的观点演化研究［J］. 情报科学，2020，38（01）：42-47+86.

③ Chazelle B，Wang C. *Inertial Hegselmann-Krause Systems*［J］. IEEE Transactions on Automatic Control，2015：1-1.

的观点状态分布在-1到1的实数区间，当处于0到1之间时，则表示个体持有正向观点，若在-1到0之间，则为负向观点。个体在更新观点时，也是首先计算邻居观点的平均值，与离散型观点演化模型不同的是，个体在调整自身状态时，如果邻居观点的均值和自身观点的差异在容忍阈值范围内，则保持自身观点不变，容忍阈值范围反应个体对观点差异的容忍度，若容忍度越大，则个体接收差异的能力越强。如果观点差异超过个体的容忍阈值，则改变自身的观点。学者深入分析了不同的容忍阈值和收敛参数对观点演化的影响，发现收敛参数对观点演化几乎没有影响，而容忍阈值对观点演化过程的影响十分明显。当容忍阈值较小时，个体对观点差异的容忍度越小，从而更倾向于改变自身观点，最终所有个体的观点趋于一致。然而，当容忍度较大时，个体间观点的差异较大，最终网络中的观点呈现多样化。对于容忍度较小的个体而言，它们不希望自己的观点和别人的差异太大，这类人不愿意做出头鸟，永远随大流，属于谨小慎微型，所以，当容忍阈值较小时，所有个体的观点趋于一致。而容忍度较大的个体，不太在乎外界的看法，即使自己的观点和大众观点相差甚远，他们依然坚持自我，属于我行我素型。因而，当容忍阈值较大时，最终网络中的观点呈现多样化。通过对此观点传播模型的研究，可以发现，如若初始阶段负向观点占优，那么个体观点的调整速度在0.5时，最终网络中采纳负向观点的个体比例能够达到最大。有意思的是，个体观点的调整速度在0.5时，最终个体观点的差异性程度较小。通过对个体观点容忍度的研究可以发现，随着容忍度阈值的增加，整个网络中个体观点的差异性水平会越来越大。结果表明，初始正向观点较小时，最终网络中将不会有正向观点的节点存在，然而一旦超过一定的阈值，最终网络中持有正向观点的个体比例将会急剧上升。通过对个体的活化度研究可以发现，活化程度越低的个体，其观点波动范围越大；相反的，活化程度越高的个体，其观点波动范围越小，且活化性越高的个体，其观点越有趋0的倾向[①]。

技术进步促进了无线通信系统和服务的发展，在大型体育赛事场地无线通信服务也是必备的一个环节。社会网络由无数的无线节点互联组成，它的功能是在传播信道和传输节点中进行正确的有效选择。在这个过程中，假设体育比赛场所缺乏固定的基础设施，迫使网络中的每个节点的行为自主的传输或接收站时，就需要处理这种特殊的环境条件，以便成功地实现固定设备中缺失的网络功能。近年来，体育赛事网络传播集中在无线网络的传播领域。一方面集中在与每个节点中使用的传输或接收系统相关的方面如射频链、工作频率、带宽、辐射终端等一些技术硬件中，可重构辐射元件的使用已经成为在无线系统中保证适当传输、控制和减轻传播信道可能产生的有害影响的最成功的方式之一，正确选择最有效的传输路由取决于传播信道条件及其随时间的变化。对传播信道的正确特性是非常重要的，因为网络的性能和其有效运行的不同策略直接取决于传播信道及其特性。在某些情况下，传播场景可能会随时间发生很大的变化，即使是在节点中没有移动性的情况下。例如，虽然节点没有移动，但周围的元素可能会改变它们的位置，从而改变所考虑的场景中的衰落分布。另一方面，集中在传播信道及其特性的软实力方面。而体育赛事网络舆情的演化研究中传播信道是一个重要的问题，在传播信息的过程中需要适当地描述其特征，以确保在适当的条件下的舆情信息传播问题。当然，在移动无线传感器网络中，可能会出现所有网络节点都是移动的情况，由于许多网络变量时刻都在发生变化，找到传感器节点和基站之间的通信路径成为一项非常困难的任务。此外，还有一些对延迟敏感的应用程序也可能产生低网络性能和网络的能源消耗，这些问题会成为另一个领域的重要问题，在这里不做探究。

---

① 张伟. 复杂开放网络中的多主体意见演化模型及其仿真［J］. 情报杂志，2015，34（09）：145-151.

　　尽管一开始香农就宣布他的信息论不适用于人类传播，人类传播要具有语义学或者是效果行为问题，他认为这个模式只适用于或仅限于工程传播和技术传播，并告诫科学界不要将信息论运用到人际传播的过程中，但后来随着学者对研究的不断进展，关于信息语义学和实效性的研究逐渐出现，香农的信息论也因此在技术传播的基础上提出了语义语用信息等，发展为具有意义理解和态度行为的多层次论。香农的信息论摒弃了主观的判断的成分，仅是从信息的角度出发，研究信息的含义。信息的真实性、信息的价值等要素，使具有人类传播这一层次的信息论更加客观，研究方法也转变为定量研究为主，定性研究为辅的研究，用精确的数学概念信息量信息熵来描述信息传播的过程。香农信息论适用于人际传播中，这就使得以体育赛事为主要研究对象，研究体育传播行为主体的网络舆情演化显得非常适合。体育赛事网络舆情中，信息的本质作为降低不确定性减少的量，在舆情传播的过程中占有主要的位置，在体育赛事相对其他社会事件而言具有更多的不确定性，体育比赛的魅力也就在于此，但是，在这个不确定性较多的比赛中，受众获取到的信息量减少时，不确定性增大，当信息的不确定性增到一个峰值，不同的传播主体之间产生信息不对等的情况时，就为网络舆情的产生提供了便利的条件，在网络舆情演化的过程中，传播主体又会受到其他外界因素的影响不断的转换自己的思想行为，最终达到相对一致的观点时，这时网络舆情已经形成。而信息传播的过程中信息"熵"作为信息不确定性的一个度量，传播主体收到信息后"熵"减少，"熵"减少表明信息的不确定性减少，因此，想要干预体育赛事网络舆情的不断演化与扩散，信息"熵"是一个关键性影响因素。信息用确定的、非选择的部分为"冗余信息"，这些"冗余信息"的存在不影响信息的完整性，但这些"冗余信息"可以消除信息通道中的"噪声"，"噪声"是信息传播过程中虚假的一些信息量，尤其是在网络信息混杂，碎片化信息的时代，"噪声"在体育赛事网络舆情演化的过程中也占有重要的影响因素，网络舆情信息内容正面与否很大程度上与信道传输信息的过程中"噪声"的多少具有极大的关联度。网络舆情演化基于信息传播，而信息传播是一个极其复杂的过程，在信息传播的过程中，传播行为又受到信源可信度、信息变量、信道变量如大众传播和人际传播等不同的传播方式、接受者即受众本身的差异性等各个方面的影响。在这个过程中，受众本身的差异性又为网络舆情演化增加了难度，这也是初始的香农信息论中第二第三层次无法解决的问题，同样的输入量，不同的接收者接收到信息后产生了不同的效果的原因正在于此，因此，在技术信息论的基础上信息研究又上了语义信息论和效用信息论这些新的台阶，语义信息论主要研究信息交流中被传输的符号如何准确地表达信息所想要表达的意义，本书的研究重点与难点也在于用模型演化的方式模拟微观层面不同个体的行为。用信息论作为研究的主要理论基础是在体育赛事网络舆情演化的过程中，将系统的演化过程抽象为一个信息转换的过程，从信息流和整体观念出发，结合影响信息流的内在因素，综合分析网络舆情演化过程。借助互联网技术的发展，结合计算机、数学、社会学、新闻学等学科相结合的研究方法，研究也从模式研究转变为模型研究，信息论在体育赛事网络舆情演化研究的过程中，将研究者的视野转向理论上的量化研究和宏观数理模型的建设上，运用人文科学对结构研究和符号研究的成果，在与自然科学进行跨学科研究在传播学基础理论框架上完善搭建。

至此，在体育赛事网络舆情演化的过程中，"信息熵""噪声""反馈"以及传播主体编码解码等因素都对体育赛事网络舆情的演化产生了重要的影响。而在不同类型的体育赛事中，又根据不同赛事具有不同的特征，体育赛事网络舆情的演化又有所不同。

4.2　体育赛事中网络舆情的特殊性分析

新媒体技术被运用到各行各业。例如，使用谷歌搜索来早期发现影响流行病或预测失业率，使用推特数据来预测选举或股票市场价格，以及脸书被运用到心理实验中。这些例子说明，大数据在科学中已经具有不可否认的潜力。同时也说明，在这个新兴的研究领域的各种方法问题将需要讨论，使其成为一个高度有争议的话题。当然，大数据分析的方法也被应用到体育赛事中。在大数据背景下，体育赛事的传播方式变得多种多样，大数据背景下数字化导致了生活中几乎各个方面的可用数据和数据复杂性的大量增加，这也带来了新的机遇和新的挑战。体育科学已经开始适应大数据时代，例如，通过在足球、网球、篮球等项目比赛分析中使用位置数据或跟踪数据，与这些数据驱动的研究领域密切相关的技术和计算努力的增加，已经催生了体育领域的计算机科学学科。而体育赛事中的舆情发展也受到越来越学者的重视，互联网的发展改变了体育赛事的传播格局，加上体育本身的特性，受众对于体育赛事的关注度日渐提高，对重大体育赛事关注、转发、评论，网络的开放性也为体育事件舆情中信息的生成、观点聚合和信息扩散提供了渠道。由于体育赛事本身的独特性与专业性，体育赛事的网络舆情发展与其他社会事件的网络舆情有很大的差异性。

体育赛事中的舆情事件具有很高的公开性，在公开的过程中，且呈现出高频化、复杂化的特征，在体育舆情的传播过程中，也符合一般网络舆情传播的规则，在复杂社会网络下，体育赛事中的信息与受众的观点以网状信息节点聚合在一起，符合香农信息流的传播方式，因此，当体育赛事以及与体育相关的信息如体育明星、赛场裁判、专业性规则、特殊球处理、颁奖环节等重要的节点便成为体育事件中网络舆情的高发领域。体育赛事网络舆情作为网络舆情的一个分支，体育赛事网络舆情当前面临着"表达者的群体失衡和复杂诉求、平台割裂与传播的偏向、观点的分化和共识的缺乏"的问题，理解新媒体环境下体育赛事网络舆情的实质及表现特征，是构建科学合理且有效的体育赛事网络舆情治理规则的前提和基础。同时，关注热点体育赛事网络舆情，形成前瞻性、全局性及动态性的体育网络舆情引导策略，对于落实十九届四中全会提出的"完善舆论监督制度，健全重大舆情和突发事件舆论引导机制"以及《体育强国建设纲要》提出的"加强体育舆情监测，提高网络舆情应对能力"，形成健康的体育舆论环境具有重要现实意义，对体育科学化、民主化决策也将起到重要推动作用[①]。

大数据背景下，体育赛事网络舆情在社会关系、人工智能、用户画像等要素丰富网络环境后，体育赛事网络舆情呈现出符合新时代的特征。体育赛事网络舆情借助互联网对公共体育事件和体育社会问题的态度和意见，真实的反映社会民情和群众民意。体育网络舆情的发展，在大数据背景下，也与传统舆情背景下产生了很大的差异性，体育舆情的生成与发展在传统舆情模式下，主要以报纸、广播、电视、PC端为舆情的主要传播渠道，传统媒体下体育舆情的采访编辑发布也全部依托于媒体等官方机构，而在大数据背景下，体育舆情的发展重点发生转移与下沉，用户成为舆情产生的主力军，信息多元，并且来源也变得多元。大数据背景下大容量，交互式的特点与传统舆情有巨大的差异。各类媒体平台裂变的传播方式和传播速度可能将体育网络舆情瞬间推到顶峰。同时，以大数据、云计算为代表的传播技术构建了全新的媒介生态环境，赋予了不同社会群体实时互动的功能，在体育信息传播的过程中掌握了绝对的话语权。使原本单一的媒体舆论场转变为全媒体体育舆论场。

随着近年体育领域的开放性和受众的关注度的提高，体育赛事中的议

---

① 张大志，谷鹏. 新媒体环境下体育事件网络舆情的特征与引导策略［J］. 体育科研，2021，42（04）：68-74.

题很容易发展为一个公共话题，而在网络舆情研究的过程中，很多学者提到的信息生命周期理论，在体育网络舆情中虽然也适用，任何的体育舆情的发展都要经历发生，发展，衰退的过程，在舆情发展的过程中，也要经历观点聚合、信息扩散等过程，但体育赛事中，体育赛事的规则性独特、地区性明显、受众较为单一等特点，使得体育舆情的发展相较于其他社会舆情的发展更加迅速。

4.3　体育赛事的网络舆情观点聚合影响机制

4.3.1　体育赛事的网络舆情观点聚合过程

体育赛事网络舆情演化具有内容复杂性、即时交互性、传播动态性等基本特征。体育网络舆情演化是网络舆情演化的一个重要分支，在体育网络舆情演化的过程中，值得注意的是，当体育赛事中产生热点事件后，尤其是大型综合性国际赛事，如冬夏季奥运会，网络空间中不同传播主体产生不同看法后，这些不同的看法如何逐渐消除差异演变为具有一致性的观点，而在探讨体育赛事的过程中，传播主体本身具有主观能动性。各主体之间的文化程度、生长环境、经济条件、认知结构、三观建构等各个方面都不相同，在对待同一件事情时的情感态度也有很大的差异性，这些不同点在网络舆情观点聚合演进的过程中具有重要的影响。另外，在体育赛事舆情产生的过程中，网络空间中的话语主导者也起到了关键性作用。

4.3.2　体育赛事的网络舆情观点聚合影响机制

（1）噪声

香农信息论中，"噪声"是影响信息传播的一个重要的影响因素，在传播的环境中，噪声是指任何扰乱或者歪曲发出和接收信息的能力的事物，噪声在体育赛事网络舆情传播的观点聚合和信息扩散两个过程中，信源、信息本身、信道、信宿等都每个部分都受到噪声的影响，再如编码过程中的信息模糊，解码过程中的信息误解等都受到噪声的影响，在体育赛事网络舆情观点聚合的过程中，不实的虚假的信息即噪声，极有可能就是诱导网络舆情产生的一个要素，因此，想要消除体育赛事中负面的信息，就要在信息产生的源头减少噪声的产生，在网络舆情观点完成聚合的过程中对噪声产生干预与引导。噪声的成因主要有主观与客观两个方面，主观方面主要归因于传播主体，传播主体不同的心理结构、认知模式、生活习惯、价值观、态度信仰等都有所不同，个人的偏见、面对不同情境的不同心态等这种根据自身的状态对信息改写又称为"自觉制噪"，再如自身知识水平受限不能正确的传达信息内容这种情况造成信息传播不对等的情况又称为"非自觉制噪"，客观方面"噪声"的产生是指受外界的干扰，比如环境因素、技术因素等，即信息在传播的过程中受到客观外力的影响，除此之外，有些信息本身就是信息传播过程中的"噪声"如污染性的信息、误导性信息等[①]。

（2）信息熵

信息熵是信息传播过程中信息不确定性的度量。信息的另一面的冗余信息，在信息传播的过程中，冗余信息无法由传播者自由选择，是信息传播活动中被"已知"或"可预测"或"重复"的信息，冗余信息在体育赛事网络舆情观点聚合的过程中影响较小，但当"冗余信息"过度泛滥或者"冗余信息"的内容具有误导歪曲事实的内容时，信息本身就成了"噪声"。但是，在正常的信息传播的过程中，适度的"冗余信息"是有必要的，可以促进传

---

① 孙静. 克劳德·香农信息论及其现实意义［J］. 青年记者，2012（03）：42-43.

播活动的顺利进行。

而在信息传播的过程中，若产生过多的"噪声"，一定时间内所传递的有效信息势必减少，过多的"噪声"会使得信息中的不确定性上升，信息的信息"熵"值随之上升，导致传播系统混乱，因此在信息传输的过程中，要处理好有效信息与冗余信息之间的平衡量，保持熵与同于之间的平衡，抵消传播通道中的"噪声"。大众传播者希望在信息传送过程中把噪音降至最低，并预料其中噪声的存在，可以通过增加冗余的方式来抵消噪音。当传播渠道中噪声越多时，就越需要冗余，以降低信息中相对的"熵"值。冗余信息对所传播的新信息、过于生涩的信息起着解释作用；当出现噪音时，重复信息的关键、有效、重要部分，有助于受众识别与主动接收信息，以确保信息的接收。

在大数据的背景下，信息爆炸已成为常态，人们不断地获取信息为了消除某些不确定因素，使自身的认知达到有序的状态，在网络中，在制造大量消除受信者随机不确定性的东西的同时又在不断增加这种不确定性，噪声增加了不确定性，但根据信息理论，噪声又增加了信息，这自相矛盾又符合实际①。

（3）有限信任阈值

在网络舆情演化经典模型Deffuant模型中，提到了信任阈值的概念，即将信任值的取值界定在［0.1］的区间之内，在这个区间内任意取值。在进行观点交互时，有限信任阈值越大，个体对他人的观点接受度越高，更愿意参考周围个体的看法，则该个体从邻居节点中选择的有限信任集合越大，多个个体以相同的规则在下一时刻改变观点，可以促进网络中观点的融合。在体

---

① 孙静. 克劳德·香农信息论及其现实意义［J］. 青年记者，2012（03）：42-43.

育网络舆情观点聚合的过程中，信任阈值也同样有重要的影响。信任阈值的大小表示在观点演进的过程中传播主体受影响程度的大小，即在整个网络舆情信息交互的过程中某一个体对随机个体信息的接受程度，信任阈值的大小与可接受信息的多少呈正相关，如果信任阈值的取值无限接近于1，代表该个体或群体愿意接受他人不同的观点，也更容易在获得他人观点的基础上改变自我本身的观点，而如果信任阈值的取值无限接近于0，则与之相反。在体育舆情信息聚合的过程中，信息是呈动态发展变化的，网络舆情主体也会随着时间的发展产生变化，不同的网络舆情主体加入讨论或者离开，而在这个过程中，网络舆情的观点总是接受不同观点的冲击与影响，不断产生聚合的过程，而在这个过程中，随着个体交互规模的不断扩大，群体观点聚合所需要的时间会随着事件的持续发展逐渐减少，而在这个过程中，观点聚合过程中产生的观点的总数受到信任阈值的影响，如果网络舆情传播主体的取值趋向于1的主体多于趋向于0的主体，那网络舆情观点聚合进程将更快。由于低信任阈值条件下，群体观点能够较快地聚合，因此，应重点关注信任阈值较低、彼此信任程度高等由熟人"小圈子"社会所构成的网络社群，以增强对网络集群行为的管控。

（4）群体异质性

群体具有异质性，异质性群体指由个性各异而又互相依赖的人们组成的社会群体，他们涵盖各种特点、存在在各行各业。

假设初始状态群体观点符合正态分布，当均值为0时，观点分布越分散，舆论熵值更接近于0，即个体周围邻居的观点正向和负向分布较为均匀。在这种情况下，随着初始观点分布方差的增加，观点演化过程中的观点数量也在增加。这表明初始阶段观点越纷杂不一，观点聚合需要的时间就越长。当初始状态观点正态的均值大于0时，对于大多数个体而言，其个体面对的舆论熵大都大于0。此时观点数量曲线较均值为0情况下略高。以上分析表明，当初始观点分布越具有偏向性（舆论熵偏离均值），且观点分布方差越大，则观点集团数量一般较多。假设网络社群中群体初始状态具有不同的观点异质性，即初始状态观点分布呈现不同均值和方差的正态分布。当均值为0的正态分布时，观点分布数量随时间降低，观点分布方差随时间降低。其中初始状态群体异质性越高，观点数量越多，观点分布方差越多。当均值为0.5的正态分布时，观点分布数量与观点分布方差变化趋势与均值为0条件时类似。

因此，初始阶段网络社群的群体异质性越高，群体观点分布越具有偏向性，观点聚合所需时间越长，观点集团数量越多。由于群体异质性对群体观点演化影响比较显著，可通过增大社群规模来提高网络社群的异质性程度，以减缓网络集群行为主体的观点演化速度[①]。

（5）传播主体及其观点自由度

尽管随着互联网用户获取信息越来越便利，现实社会网络中的大V的影响力逐渐减弱，但是，在体育网络舆情的产生与发展中，意见领袖依然发挥着重要的作用，在体育赛事网络舆情演化的过程中，体育赛事传播中的行为主体类似于传统意义上的意见领袖，在体育赛事的传播过程中，传播主体一般是体育的深度爱好者，都具有自己的体育圈层，在体育赛事进行的过程中，这些传播主体相比于其他人，即不以体育赛事为爱好的受众而言，在互联网和体育界具有较高的知名度和影响力，因此，在体育赛事网络舆情产生的过程中成为关键的节点。这些行为主体由于具有强大的影响力，其观点很容易被关注，如果发表的观点本身也具有较强的争议，则可能会引发新的舆论的产生。意见领袖在社交网络中处于关键的节点位置，在网络舆情演化的

---

① 李根强，刘莎，张亚楠，孟勇. 信息熵理论视角下网络集群行为主体的观点演化研究［J］. 情报科学，2020，38（01）：42-47+86.

过程中，网络意见领袖的作用总是具有巨大的舆论引导作用。

　　个体观点接受度即收敛系数，学者张伟认为，在网络舆情观点聚合的过程中，个体观点接受度在网络舆情演化中占有重要的作用，在互联网社交过程中产生观点交互，但是在接受新的观点的过程中一方面受到信任阈值的影响，另一方也受到个体观点接受度的影响，个体观点接受度的取值在网络舆情传播主体与其他互动的过程中产生反映出来，由于他人意见、看法的影响而将个人意见改变到一定程度或者保持个体观点不变的多种可能性，并且可以通过调整收敛系数的分布来获得具有不同特征、爱好、性质的个体。一千个人眼里有一千个哈姆雷特，同样的事件不同个体有不同的处理方式，每个个体都有自己独特的看法和见解，对他人观点的接受程度也大不相同，准确量化和统计每个人的意见的接受程度存在一定程度的困难。个体观点接受度不仅影响在网络舆情观点聚合的整个过程中的个体观点总数，而且还会继续影响着个人意见的聚合速度①。观点自信度的增加会延长群体观点聚合的时间，应加强网络素养教育，让网络用户不轻信不跟风，通过网络用户的观点自信度提高，也有利于控制网络集群行为的观点演化时间和速度，以避免网络集群行为发展态势的失控。

4.4　体育赛事的网络舆情观点扩散过程及影响机制

4.4.1　体育赛事的网络舆情观点扩散过程

　　体育赛事网络舆情一旦发生，就代表网络舆情已经完成了大部分观点聚合，无数一致性的观点聚合才会导致网络舆情出现在更多即原本不了解此事

---

　　① 贾梦雨. 移动环境下电竞赛事网络舆情信息聚合与扩散研究［D］. 成都体育学院，2021.

件的受众视野中，当原先的第一批受众接收到信息后，便开始作为传播者传播信息，受众会作为传播主体再次将舆情信息传播，接收到信息的受众也会作为传播者将信息扩散，这个过程不断进行，不断演进，直到事件平息或得到解决。体育赛事网络舆情在网络舆情中占有越来越大的比例，社会群众对于体育事件本身的认知与看法发生了转变，人民生活水平的提高使人民群众对自身健康的要求越来越高，体育活动在促进健康中扮演重要的角色，并且很多的健身锻炼活动都依赖于体育活动，受众不再认为体育活动缺乏内涵是简单的肢体活动。因此，在特定的环境下体育赛事的网络舆情的信息扩散也可以反映出现实社会中受众对于体育赛事本身的情感倾向。

体育赛事网络舆情的信息扩散也会带来扩散规模效应，体育赛事网络舆情信息在网络空间中产生后，各行为主体之间势必会产生观点碰撞、交互、呈现出不同的扩散趋势，从而导致网络舆情信息受众规模不断扩大。网络舆情的信息在网络空间中聚合为关键节点后，从某些节点再逐步向外延伸，并随着周围个体逐渐扩散开，在扩散的过程中，各节点之间又会相互影响，也有不同的影响因素不断影响节点本身，体育赛事网络舆情信息扩散的过程中，各行为主体之间相互作用，大致产生这样的演化过程：行为主体在接收体育赛事网络舆情，受到信息刺激；受众在接收到信息后对接收到的信息做出反应；融合自身的认知结构解读扩散信息，即对该事件做出反应。而在这个过程中，由于行为主体本身的差异性，不同行为主体做出不同的反应累积，就构成了体育赛事网络舆情的信息扩散过程。在社交网络中具有较大节点度的用户会以更快的信息传播速度和更广的信息传播规模将其所参与的舆情事件传递给其他用户并能及时获得网络中其他用户了解的舆情信息；而节点度较小的个体获得信息的渠道相对较少，与周围个体进行信息交流的频率也相对减少，甚至对于一些相对孤立的个体，他们了解舆情信息的来源更少，也很少与周围个体进行交互。因此，具有不同节点度的个体之间交流舆情信息的频率有很大的差别[①]。

4.4.2　体育赛事的网络舆情观点扩散影响机制

（1）关键节点

相较于传统的社会舆情传播模式，网络舆情传播的速度更快，传播范围更广，这是由于社会关系与网络结构的不同，前文中提到的复杂网络结果中的无标度网络特征与随机网络特征与现实社会的小世界网络之间的不同特征造成了信息在流动的过程中产生了巨大的差异，复杂网络中的每个节点链接着多个节点，不同的节点之间的连接桥梁也有无限个，因此，复杂网络中的关键节点对于体育赛事的观点扩散具有重要影响。这些充当关键节点的网络舆情主体在获取信息后，将信息在自己的认知理解的基础上开始扩散，在这个过程中，网络舆情传播主体的内在体系发生了变化，聚合形成的信息在经过关键节点的传输也会有所不同。因此，这就要求在网络舆情演化的早期进程，即观点聚合的过程中，就对负面的网络舆情进行干预。假设错过聚合过程，当在网络舆情信息开始扩散时干预，不仅会加大干预难度，且干预效果相较于早期会变差，需要进行干预的网络舆情传播数量也会比早期观点聚合时数量更多。

（2）行为主体

除了关键节点外，传播主体的数量和传播主体自身的属性也对体育网络舆情信息扩散产生影响，随着传播主体数量的增多，相同时间内主体之间交互的信息量增加，在网络舆情演化过程中，不论是观点聚合过程还是在信息

---

① 马永军，柴梦瑶. 基于改进HK模型的社交网络舆情演化［J］. 计算机应用与软件，2021，38（09）：86-91.

扩散，传播主体自身的属性对网络舆情发展总是起到重要的影响作用，如游泳运动员宁泽涛事件中，作为传播主体之一的自媒体，在接收到相关信息后通过自我消化组合，从不同的角度再次将相关信息发布出来，在这个扩散的信息中，掺杂着真实的信息和虚假的信息，但由于自媒体用户专业技术、获取信息能力、对事件的看法等各方面属性的不同，在作为传播主体扩散信息时，免不了产生更多二次舆论影响。

（3）传播距离

距离在现实社会中会对很多事情产生阻碍，在早起通讯科技不发达的时候，书信邮件传递的很慢，随着有线电的发展，人们可以通过电话传输信息，而如今，在大数据时代，距离已经不是影响信息传播的最主要的因素，但是毕竟达不到身临其境和在现场的效果，因此，在现实环境中，空间地理位置还是会对网络舆情的信息扩散起到一定的阻碍作用，如北京冬奥会期间，受众获取信息的方式通过网络空间获取，只有极少部分的传播主体在现场发布信息，而网络舆情正是在这种传递偏差中产生，网络舆情信息的响应时间随着地理空间距离的扩大而产生延时，如第31届世界大学生夏季运动会，在国际大学生体育联合会与成都市签订成都举办大运会战略合作协议后，成都市开始积极准备相关前期工作，成都市民相比于其他地区的市民而言，更早地获取这一消息，但是在这个过程中，一些关注该事件的体育迷接收和扩散的信息的过程会更快。舆情事件的初始发生地与网络中舆情信息传播的现实地理场域或距离有着重要联系，对网络舆情信息扩散存在着一定程度上的摩擦和阻抗作用。体育网络舆情的发展进程很大程度上受距离的干预和影响，偏于地区和发达地区的舆情信息扩散速度具有很大的差异。

（4）外界干预

网络舆情信息尽管在复杂网络上较为随意的传播，但是，在社会政治经济文化和不同的国情下，网络舆情信息扩散受到多方面的干预，多主体在信息传播的过程中都会起到监测干预的作用。就政府而言，政府具有较高的权威性，当产生的网络舆情具有反向、消极的社会影响时，采取行动对此进行干预以纠正不当言论，除此之外，不同的相关部门也有专门的舆情监测部门，实时监测网络舆情的发展走向。

4.5　体育赛事中的网络舆情观点聚合与信息扩散

体育赛事网络舆情观点聚合与信息扩散的演化过程依旧符合网络舆情的基本特点，但由于体育赛事本身的特殊性，网络社会中的舆情传播主体较多的集中在与体育赛事相关或深度喜爱体育赛事的传播主体中。体育赛事网络舆情的整个生命周期中不断地出现观点的聚合、扩散、再聚合、再扩散，网络舆情演化中的观点聚合与信息扩散在演化的过程中互相影响，互相作用，形成非线性的观点聚合与扩散交融的态势。但网络舆情演化过程中，随着体育赛事舆情不断发酵会不断有新的个体加入。

第五章 体育大型赛事
网络舆情的演化预测分析

5.1 体育赛事信息传播的环境

当前广大网友可以相对自由地在网络上针对不同的事件发表自己的观点，在网络上针对某些事件引起巨大的舆情又正面监督社会执法部门的作用，但针对恶性事件同样会产生恐慌、不满等负面情绪。体育赛事所产生的网络舆情也是这样。谈及体育赛事信息传播的环境时，有必要论述信息生态的相关理论。信息生态是指信息人与周围环境的相互关系，即涉及信息环境、信息人、信息和信息技术之间的相互作用和互相影响的关系，1998年，国外学者叶廖明（Eryomin）提出信息生态是研究信息规律的科学，包括信息对生态系统（个人、社区等）的形成和功能的影响，并致力于改善信息环境的方法[1]。1999年，社会学家拿地（Nardi）和欧代比（Eryomin）O'Day[2]提

① Eryomin, Alexei L. *Information ecology-a view point* [J]. International Journal of Environmental Studies, 1998, 54（3-4）: 241-253.

② Nardi, Bonnie A, O'Day, et al. *Information Ecologies*: *Using Technology with Heart-Chapter Four*: *Information Ecologies* [J]. Serials Librarian, 2000, 38（1-2）: 31-40.

出一种新的信息生态理论，将信息生态定义为人、工作、价值、技术组成的一个特点环境系统，且指明了信息生态系统的重点并非技术本身，而是受信息生态系统所支持的人。国内学者也基于生态环境发展的内在规律，试图解释人类社会信息环境的变化过程等。体育赛事网络舆情发展同样也是基于社会生态环境，在网络舆情发展演进的过程中，信息主体、信息客体、信息载体即信息环境等部分共同构成了体育赛事网络舆情系统的演化。信息环境是指信息生态系统形成的背景和场所，包括宏观层面的社会和国家信息环境，还包括微观层面的基本信息环境。信息环境会对信息人接收信息产生直接或间接的影响[①]。

体育赛事网络舆情的信息环境可以分为外部环境和内部环境两个部分，外部环境是指体育赛事网络舆情所依托的外在客观环境，如经济环境、政治环境、社会环境，体育政策环境等宏观环境，内部环境是指具体的内在的网络环境，如网络社群环境，信息资源信息文化环境等。无论是内在环境还是外在环境，体育赛事网络舆情信息的传播都无法与之剥离。

5.1.1 外部环境

体育赛事网络舆情的发展，离不开稳定的政治、经济、社会环境。社会的繁荣发展是构建体育赛事网络舆情信息环境的决定性前提，良好的社会经济发展环境组成了体育事业本身稳定发展的坚固基础，体育赛事网络舆情才能在此基础上演化发展。同时，也正是体育赛事网络舆情中观点不断的聚合与扩散，才使得体育事业发展具有健康的支撑。社会环境对信息传播环境中信息主体的行为具有深刻的制约影响作用，社会环境潜移默化的影响体育赛事网络舆情中的信息主体的观点态度，影响信息主体的思维方式和价值取

---

① 张柳. 社交网络舆情用户主题图谱构建及舆情引导策略研究［D］. 吉林大学，2021.

向，体育赛事网络舆情中信息传播也受到社会环境的制约，社会环境的决定信息传播的广度与深度。政治环境作为具有规范约束的作用，信息主体在信息传播环境中表达观点时，要符合政治环境的要求，不正当的言论在体育赛事网络舆情信息传播中如毒瘤，会严重影响到体育事业的发展与前进的脚步。

5.1.2　内部环境

内部环境主要有社群环境、信息文化、信息资源环境。

体育赛事网络舆情的传播具有圈层化特征，网络社群环境就成为一个重要的信息传播环境，社群环境是指社交网络不同舆情空间下舆情用户所聚集成的网络社群，社群内的网络舆情用户之间因此关注共同的话题，在信息传播的过程中具有同质性，在体育赛事中，信息在社群环境中的传播主要体现在不同的体育项目之间，不同的体育项目拥有各自的爱好者，因此在社群环境中信息传播更加快速且伴有更为相近的情感倾向。此外，体育赛事网络舆情空间中的社群用户特征也具有类似的信息文化，是信息文化较为集中的表现，在信息传播环境中，信息主体所扩散的观点可以视为信息文化环境中信息文化的集中体现，甚至能够在一定程度上产生衍生话题。而在信息传播过程中，信息资源是作为信息环境中信息主体的粘连剂，不同的资源通过整合，用以维系信息主体，同时也是整个体育赛事网络舆情内在的信息环境运转的基础要素。信息资源整体上体现了信息传播环境中信息传播主体的偏好，同时也会影响其他信息环境中的信息主体。

无论何种信息传播环境，与体育赛事网络舆情信息传播都具有相互制约互相牵制的双向作用，信息传播主体要客观公正的发表观点与看法，有关责任部门也应合理听取不断完善政策制度，共同营造健康有序、公平公正的体育赛事网络舆情信息环境。

★★★★★
大数据背景下体育大型赛事网络舆论演变研究

5.2 大型赛事典型舆情事件

5.2.1 大型体育赛事典型个体事件

体育赛事网络舆情中，运动员个体的不当行为也可能会在网络上产生舆情。大型体育赛事中的舆情个案在大多数情况下由个体的突发行为造成，突发事件在整个大型体育赛事中具有很强的不确定性，体育受众通常会表现出不同的态度和观点，当越来越多的网友成为围观者时，网络舆论的热点也随之出现。在网络舆情的发展演化过程中，很多自由观点在经历了扩散期网络舆情演变后呈两极分化。进入消退期，体育突发事件又回到了正常状态，观点两极化的发展逐步消失。与一般的社会热点事件相比，体育赛事中的网络舆情素具有自己的阶段演化特点，它在情感演化阶段具有明显的替代特点，在评价数据的交互中可能形成极性观点[①]。

5.2.2 大型体育赛事典型集体事件

2021年5月22日，第四届黄河石林山地马拉松百公里越野赛在甘肃省白银市景泰县黄河石林景区举行，比赛中当高海拔赛事进行到20-31公里处时，出现极端天气状况，部分参赛人员失联，致使21人遇难。随即题为"甘肃马拉松事故21人遇难"消息在网络平台迅速发酵，引起受众对于该事件各方面的激烈讨论。"甘肃景泰越野赛21人遇难"是一次突发的重大公共事件，也是一个单项体育赛事，比赛中共计172人参赛，其中21人遇难，12.2%的死亡率超过了历年国内外马拉松赛事和越野赛事故死亡人数，同时马拉松赛事遇难名单中的国内顶尖选手梁晶、残奥会冠军黄关军等，遇难人员数量庞大，以

---

① 刘雄. 体育突发事件网络舆情的传播特征研究——基于"孙杨事件"的情感分析［J］. 产业与科技论坛，2022，21（05）：77-79.

— 150 —

及运动员身份的特殊性产生了很负面的网络舆情。

在"黄河石林百公里越野赛"体育赛事发酵的过程中，以官方媒体为主要引导和发布渠道，体育自媒体、新闻媒体以及普通网民等都通过各类网络平台参与到相关事件的讨论中。其中舆论的焦点主要集中在以下方面：1. 到底是天灾还是人祸，此次事故究竟谁该来承担责任？黄河石林百公里越野赛中，事故发生的主要原因以及事故的主要责任方是媒体和网民讨论的主要议题。2. 这次赛事的性质究竟是马拉松还是极限越野，在学界也引起对马拉松赛事"热"以及马拉松赛事管理方式的讨论。无论是属于马拉松赛事还是极限越野赛事，都作为具有周期性的单项体育赛事出现在受众的视野中。

这类户外的单项体育赛事相比较于室内的单项体育比赛最大的不同是外界环境的不确定性，因此，在网络舆情演化的过程中，赛事的舆情呈现出关注度高、蔓延时间长、次生舆情多等特点。黄河石林百公里越野赛由于发生了运动员伤亡的情况，产生的舆情更加复杂，但单就普通的单项体育赛事而言，体育赛事周期短，体育赛事网络舆情的演化周期也就相对较短。对于单项体育赛事中这种特殊的具有突发性危机性的体育赛事网络舆情，事件的整个周期进程和蔓延速度较快，且发展趋势猛烈，具体情况与受众获取到的信息极易出现信息不对等、受众意识与事件发展状况不统一的情况，存在一定的认知偏差，在一段时间内存在信息短缺的状况，并且在类似事件中，事件发生的时间与地点是无法提前预估的，难以做到有效的突发事件舆情预警，容易造成公众愤怒，局部混乱的状况。

5.2.3　北京冬奥会

（1）北京冬奥会舆情发展及传播规律分析

奥林匹克运动会作为大型国际体育赛事是体育事业发展的重要体现，

同时随着传播技术的不断发展，体育赛事与网络传播的关系越来越紧密，奥运会作为大型综合性体育赛事，从确立举办方到开幕式、闭幕式都受到官方以及各类媒介热衷于体育赛事、运动员等相关信息的报道、评价，公众倾向于通过社交平台或自媒体表达观点和看法。体育赛事网络舆情的演化基于不同的传播主体网络环境下，无国界、开放性的北京冬奥会传播主体更加多元化，官方媒体、专业性的自媒体、运动员个人账号以及普通网民都以各自的传播意图进行话语表达。以此形成了以社交网络为主的社交网络舆情演化过程，社交网络舆情演化具有一定的周期性，即遵从生命发展的内在规律，遵从产生到消亡的过程，生命周期理论在前文中已做阐述，故在此不再赘述。体育赛事中的社交网络生命周期理论有两层含义：一方面是指体育赛事网络舆情发展中产生到消亡的过程，另一方面是指体育赛事的网络舆情既然依托于社交网络，那必然会形成环环相扣的链式结构，每个演化阶段中的信息生态系统、信息、受众、环境之间相互作用，共同促进信息的发展直至消亡。在比赛的过程中，也由于赛事种类繁多，受众群体庞大，不同的传播主体围绕赛事及周边话题所形成的各种信息的多渠道交叉扩散传播，并由此呈现出的特定的网络舆论。在北京2022年冬奥会舆情传播的过程中，舆情热度态势、媒体报道话语、网络热议话题及情感演化等议题是学界与业界讨论的热点话题。北京冬奥会搭载着各种网络传播手段形成了持续性高位发展的热度趋势。一方面，冬奥会舆情有着较为完整的"产生、发展、高潮、结束"的生命周期；另一方面，在传播密度、舆论影响力方面远高于同期其他事件。根据生命周期理论，舆情的发生与消散都可以用产生、发展、蔓延、结束这样的周期进行探讨，因此冬奥会各阶段舆情发展及也遵循这样的发展规律：

1. 产生期

冬奥会在开幕之前网络上相关话题已经开始出现，这个时期即为网络舆情的产生期，此时话题热度值呈低水平小幅度快速上涨的态势。在网民讨论的过程中各官方或非官方的媒体也设置了一些话题，如"北京冬奥吉祥物冰墩墩雪容融""北京冬奥会一起向未来""北京冬奥会火炬接力启动"等话题使网民关注冬奥、参与冬奥讨论，在赛事前期产生了良性的社会议题。

2. 发展期

北京冬奥会于2月4日晚8时正式开幕，大型体育赛事的开幕式是受众关注的焦点之一，开幕式上衍生出来的相关元素引起广大网民的集体围观、欢呼，助力舆情热度直线上升，社交网络平台上的热搜话题如冰墩墩、24节气倒计时、羽绒服走秀、雪花中国结、冰雪五环、张艺谋、吹号小男孩等，开幕式为北京冬奥会舆情热度的最高值。

3. 蔓延期

北京冬奥会赛事迎来首个金牌的诞生，各方的关注重点开始转移到运动项目及运动员身上，在赛事进行的整个过程中，伴随着比赛的胜负和赛场上运动员的具体情况，舆情热度持续不断地出现起伏波动。在这个过程中，中国运动员有冲击比赛项目金牌时网络关注度则会明显升高，谷爱凌、苏翊鸣靠实力出圈；另外，国外运动名将在国内社交平台上同样具有较高人气，如日本运动员羽生结弦、俄罗斯三娃，在这个过程中，体育竞技本身的魅力发挥了极其重要的作用。

在这个过程中，相关话题讨论的热度呈现出鲜明的观点特色，表现为具有指向性，话题形成几个较为清晰的脉络并且具有倾向性，话题的讨论较为激烈，同时在蔓延的过程中，体育赛事网络舆情信息发布的数量呈持续上升的状态中，处于整个体育赛事网络舆情发展中生命周期的黄金时期，形成多个舆论场，引发一系列延伸话题。如"青蛙公主谷爱凌"，因谷爱凌特殊的归化身份、家庭成长环境、教育方式、父母等情况，网友不断扩大信息了解范围，并为其打上"金牌冠军+天才少年+学霸"的人设，再如吉祥物冰墩墩及周边过度的娱乐化、商业化，冰墩墩屡屡上榜热搜话题，网民掀起"一墩难求"的消费热潮。另外国家形象的多维度立体化传播北京冬奥会为国家形象的多维度立体化传播提供了良好契机，在开幕式、闭幕式上，雪花的故事、二十四节气生命文化、破冰寓意、迎客松、缅怀逝者的送别文化等具有中国特色的文化元素悉数亮相，体现出文化传承中的自我认同以及乐观、开放、包容的自信精神。网民沉浸于文化的冲击下塑造出"想象共同体"，表现为个人和集体的情感共振，营造出浓厚的理性舆论氛围。

4.衰退期

随着冬奥会各项赛事的结束，体育赛事网络舆情发展也逐渐进入到尾声，大型体育赛事的闭幕仪式在舆情发展的过程中会引起小幅度的热度再次上涨的情况，闭幕仪式中主火炬熄灭、巨型中国结、天下一家烟花等元素，以及类似运动员求婚等事件会再次引发讨论热潮，当冬奥会的比赛彻底结束后，舆情也基本进入消解期，热度回归到开幕式之前的水平。体育赛事网络舆情进入衰退期是由多方原因公共作用的结果，随着赛事进入尾声，公众对这一话题的热情开始递减；在体育赛事进行的过程中，受众的情感态度在发展期和蔓延期已经得到了合理的宣泄；新的话题的出现开始转移受众的实现。尽管已进入衰退期，但在发展趋势上会凸显出一些长尾效应。如"冰墩墩"的周边在赛事结束后依然成为受众喜爱的一个奥运元素。网民声音聚合形成强大的话语场和传播效力，冬奥会的舆论影响仍在蔓延。

（2）北京冬奥会舆情演化分析

总的来看，官方主流媒体充分发挥了北京冬奥会信息传递、冬奥知识解释以及冬奥舆情动员的主要作用，在叙事话语表达上有效地弥合了官方和民间的鸿沟，起到掌握主动权、主导权和提高舆论引导力的功能。一方面，主流媒体通过典型人物报道塑造正能量形象。如媒体抓住谷爱凌既有个性又有高尚的情怀内在品质，个人宣传注重立意的深刻性，主流媒体借助冬奥会极力弘扬爱国精神、建构文化认同感，同时及时发现负面舆情防止进一步发酵，匡正舆论导向。

北京冬奥会赛事期间网民正面情感占比较高，国内网民个体以积极、乐观的心态参与冬奥会相关话题的围观以及意见表达，整个冬奥会舆情周期内的情感演化过程，正面情感始终占据上风，群体情感随时间的进展而有规律的正面共振。数量庞大的网民通过个体的自我表达凝结成网民群体的自觉，呈现出冬奥会期间舆情感传播仪式。冬奥会特定的网络空间中，网民共同在场的情况下通过共同的兴趣关注点极易形成集体兴奋，如王濛专业、幽默而富有激情的个性化解说被众多网民强势追捧，"我的眼睛就是尺"在网络直播镜头下网民打破地域隔阂形成身份认同；闭幕式巴赫说："这是一届无与伦比的冬奥会"激起网民爱国情感的分享欲，"2008年罗格也是这么说的，赞，双奥北京！"，网民之间对话评论使正面舆情信息呈几何倍数增长，通过互动产生情感共鸣。

5.3　信息传播途径分析

在体育赛事进行的过程中，就以2022年北京冬奥会为例，社交网络是北京冬奥会传播的第一大平台，占比较高，其次是APP以及新闻平台，另外微信、视频也占有少数比例。聚集度高的各冬奥热搜话题在更大程度的交流与自由表达的空间中将网民注意力叠加累积。其原因一是社交网络平台即时互动性特点为传播者提供了话语传播的最好途径，媒体利用社交网络成发布信息获取流量，网民利用社交网络实现情感的联动，技术加持下优势得到发挥；二是社交网络平台上冬奥会的信息占据主导，网民虽有信息选择的自由，但出于信息源的有限以及从众心理，网民容易将目光投向已经获得高关注的事件，而冬奥会的霸屏反过来获得更多的注意力资源。处于第二三位的AAP以及新闻平台，传播主要对象为移动网络用户，即以手机为代表的移动终端使用者，信息传播特点也有其特殊性。从信息发布者来看，标题以刺激用户眼球为目标，内容上可随意编辑；从用户角度看，以分享、点赞、评论为主要的互动形成，时效性较低、交互性较差。微信和视频平台虽然在用户基数、使用频率方面较大，但由于私域化、圈层性、碎片化的特点，在冬奥会这一公共话题传播上体量远小于前三者。

5.4 模型框架分析

5.4.1 LDA主题模型

隐狄利克雷分布模型（Latent Dirichlet Allocation，简称LDA）属于生成式模型，本质上是多层级的贝叶斯概率图模型，在机器学习领域，LDA主题模型常用来挖掘大数据环境下的文档集或者语料库中的主题信息[1]。基于LDA主题模型构建的体育社交网络舆情，首先获取数据，即对信息传播主体发布的转发评论文本，通过无关字符过滤、文本分词以及去停用词进行文本预处理。随后通过困惑度指标确定LDA主题模型并确定最优主题数。然后，通过最优主题数确定主题、词、文档—主题、主题—词分布，再进行相似度度量并划分网络社群，最后确定节点、确定边权重、整个舆情传播主题，构

---

① 王晰巍，张柳，黄博，韦雅楠. 基于LDA的微博用户主题图谱构建及实证研究——以"埃航空难"为例［J］. 数据分析与知识发现，2020，4（10）：47-57.

建用户社群图谱[①]。由于体育赛事舆情主体用户获取到的信息资源和本身的信息文化存在差异，体育赛事中的热点话题热点事件在特定的舆情空间下，会聚集成不同的网络社群，这些不同的网络社群形成了不同的社群环境，在不同的社群环境中，可以通过LDA主题建模的方式构建体育赛事社交网络舆情用户的社群图谱，以此来探究体育赛事网络舆情的演化规律。LDA主题模型的网络舆情研究方法主要是针对政府、民生、医疗等领域，而在体育学领域的研究成果相对较少。运用机器学习和情感分析技术相结合的方法对体育领域的热点事件进行网络舆情分析并利用算法和机器学习，现有的将LDA模型运用到体育事件研究中的有文献[②]，其分别对"孙杨禁赛事件"的微博评论进行文本词频分析、主题分类、使用LDA主题模型计算各个主题所占的比例，最后通过基于情感词典的方法对网民情绪进行情感倾向分析，进而得出研究结论。

环境要素、主体要素、客体要素和技术要素共同构成了体育赛事社交网络舆情用户主题图谱。在构建体育赛事社交网络舆情用户主题图谱模型时，实体识别、属性抽取、关系抽取的相关方法是构建知识图谱模型较为成熟的技术手段。实体识别是社交网络舆情用户主题图谱的支撑，通过实体识别，能够从海量的社交网络舆情用户中准确定位构成主题图谱的节点。属性抽取是社交网络舆情用户主题图谱的重要组成部分，有助于对主题图谱中的节点进行准确的属性描述。关系抽取是构建社交网络舆情用户主题图谱的关键，节点间的关系决定了主题图谱不同节点之间的连接方式及作用机理。主题图

---

① Yongli Zhang, Christoph F. Eick.*Tracking Events in Twitter by Combining an LDA-Based Approach and a Density–Contour Clustering Approach*［J］. International Journal of Semantic Computing, 2019, 13（01）：87–110.

② 张义祥，张晓丽，杜夏雨. 基于LDA主题模型"孙杨案"的网络舆情分析[C]//.第十二届全国体育科学大会论文摘要汇编——专题报告（体育信息分会），2022：96-98.

谱的构建在于选择相适应的模型，对图谱中的节点类型或边关系进行识别和抽取①。社交网络知识图谱就是由实体组成的节点、属性、边等组成的社会网络，每个节点与边具有一个或多个属性的联系。

基于规则的实体识别方法和基于机器学习的实体识别方法是目前学者使用较为有效的实体识别方法，体育赛事社交网络舆情信息环境中的信息的基本单元就是体育赛事社交网络舆情用户主题图谱中的实体，在具体的社交网络舆情用户主题图谱中，通过对社交网络中出现的人名、地名、组织单位名的识别来判定用户的身份，即确定社会网络中节点信息，换句话说，即确定体育赛事网络舆情中信息主体的信息。通过实体识别的相关算法对海量信息进行技术处理，可以有效地减少其中的冗余信息和虚假信息，简单高效地筛选出有用的信息。

在庞大的信息资源中进行实体信息采集和抽象描述的过程就是体育赛事社交网络舆情用户主题图谱的属性抽取过程，在前人的研究中，属性抽取主要有通过规则的方法抽取结构化数据，主要是用提前建构好的规则抽取、通过模式匹配的方法训练实体属性标注模型，是用迭代的方式抽取实体、通过分类器的方法将其转化为具体关系分类的问题在文本中挖掘实体和属性之间的相互关系。

体育赛事社交网络舆情用户主题图谱中实体关系的关系抽取是构建知识图谱的关键，关系是知识图谱中连接节点，即连接实体的边，不同关系的边将原本没有联系的实体进行连接，构成了一个具有连接关系的具有逻辑意义的知识图谱，关系抽取在建立知识图谱时，通过对文本内容的检索，建立实体之间的语义联系。

在构建好体育赛事社交网络舆情中用户身份图谱后，可以对舆情用户的

---

① 张柳. 社交网络舆情用户主题图谱构建及舆情引导策略研究［D］. 吉林大学，2021.

关注点即舆情用户发布的舆情信息进行关注分析，具体而言，通过收集信息传播主体在体育赛事网络舆情不同的舆情周期下发布的舆情信息，用LDA主题模型将信息中的深层语义特征通过"主题"发布的方式进行整合，结合信息传播主体自身属性用朴素贝叶斯分类器将传播主体进行身份属性划分，掌握不同的体育赛事网路舆情演化阶段的用户类型及动态话题演变，在体育赛事社交网络舆情中，对舆情文本信息的抓取可以体现出信息传播主体的情感态度，情感态度的研究是网络舆情演化研究中把握舆情事件的关键一环，可以有效地在观点聚合的过程中针对不同类型的传播主体进行身份识别引导并制定相对应的舆情监管措施。

基于LDA主题演化模型的体育赛事社交网络舆情用户主题图谱演化的生态逻辑是：在一个体育赛事社交网络舆情演化的舆情空间中，舆情空间与用户社群图谱相关联，舆情用户与用户身份图谱相关联，舆情信息与用户情感图谱相关联，在信息环境、舆情空间、用户社群图谱下，分别对应宏观整体的信息主体、舆情用户、用户身份图谱、分别对应微观具体的信息、舆情信息和用户情感图谱。通过对传播主体详细的实体属性入手，用LDA主题建模的方法构成了一个从体育群体到体育个体的体育赛事网络舆情研究过程。体育赛事主题图谱的构成又是由体育社交网络用户社群图谱、体育社交网络用户情感图谱、体育社交网络用户身份图谱等构成，在理论支撑和技术支持下共同构建出体育赛事网络舆情演化的规律。

5.4.2　有界置信模型

体育赛事网络舆情的生成和传播媒介关系密切，大数据背景下体育赛事的传播渠道也更加多元。焦点体育赛事的舆情改变了"他媒体"或"官媒体"环境中体育赛事中网络舆情的观点聚合和信息扩散机制，信息的自由发布导致体育赛事网络舆情信息源头多元化，也增加了网络舆情控制的不确定性①。从体育赛事的信源或传播主体角度看，现实中的热点体育事件往往率先在网络社会如由微博、微信、新闻客户端等网络媒体中以关键节点向外扩散引爆，传播主体通过制作视频、发布评论等方式表达对事件的看法，在信息传播的过程中链接到更多的节点，传统媒体加入后的融合传播，最终推动舆情走向顶峰。尽管受到群体异质性、噪声、冗余信息等多种因素的影响，体育赛事网络舆情的传播规律依旧比较符合群体传播的特点。

在Deffuant模型中，单位间隔意见空间是不可数的，当且仅当体育赛事网络舆情传播主体的观点之间的距离不超过置信阈值时，两个邻居的意见越来越接近。如果意见最初是独立和统一的，那么当置信阈值大于0.5时，无限图上的系统收敛于共识，而当置信阈值小于0.5时，分歧仍然存在。

在赫格塞尔曼和克劳斯提出的海格塞尔曼-克劳斯（HK）模型中，每个主体态度随着时间的变化不断演变，在适当的函数影响下某些连接阈值被激活。体育赛事的网络舆情主体位于代表社会网络的有限连通图的顶点上，以他们的观点为特征，观点集是有限维赋范向量空间的一般有界凸子集，有一个置信阈值，如果两个传播主体的意见之间的距离不超过阈值，则称为他们是兼容的。当意见最初是独立的，且与意见集中的值同分布时，推导出共识概率的下界。正如阿克塞尔罗德模型②所示，社会影响是驱动观点和文化动态的两个关键因素，体育赛事舆情传播主体在互动时变得更相似的倾向并具有同质性，并产生与更相似的传播主体更频繁地互动的倾向。社会动力学背景下的另一个重要组成部分是社会网络的拓扑结构，它的联系表明谁与谁相互作用，相互作用粒子系统建模意见动力学的最简单的例子是在前人研究

① 张大志，谷鹏. 新媒体环境下体育事件网络舆情的特征与引导策略［J］. 体育科研，2021，42（04）：68-74.

② Axelrod，R. *The Dissemination of Culture A Model with Local Convergence and Global Polarization*［J］. Journal of Conflict Resolution，1997，41（02）：203-226.

中独立引入的投票者模型。位于社会网络的顶点上的传播主体具有两种相互竞争的观点中的一种，并通过模仿他们均匀随机选择的一个邻居，以一种速率独立更新他们的观点。不同的是，这个模型解释了社会网络的拓扑结构和社会影响，但不具有同质性。意见空间再次由单位间隔，但与有效的模型通过成对交互，新意见现在取代的人口加权平均的意见，再加一些信心阈值的意见。某些初始构型和某些参数集可以导致渐近稳定性或共识的一般条件，个人之间的权重矩阵选择一个图的邻接矩阵，权重是一个如果两个人由一条边和零，从而将模型变成一个空间模型：个人位于图的顶点代表一个社会网络，和每个更新在顶点结果新意见的邻居的意见兼容，意见距离小于信任阈值①。

每个体育赛事传播主体的状态被确定为在其影响区间内的传播人的平均值，即他的邻居。当所有传播主体都具有相同的连接阈值时，海格塞尔曼-克劳斯（HK）模型被称为同构的，否则是异构的。当两个体育传播主体之间的连接取决于它们之间的距离的绝对值时，HK模型被呈对称状态，如果任何传播主体可能有不同的上下阈值，分别选择上下邻居，则不对称。在均匀对称模型中，最高意见为非增加，最小意见为非减少。学者本波拉德和Morari②提出了一个相当普遍的混合逻辑动态（MLD）形式的异质HK模型。MLD模型已被证明是分析一类广泛的混合系统的一个有用的描述，也有研究通过引入基于传播主体对间意见差异的HK模型，推导出相应的MLD模型，这种模型明确地考虑了置信区间的阈值。研究结果表明，这种模型在网络连接阈值的敏

① Lanchier N, Li H L. *Consensus in the Hegselmann-Krause model* ［J］. arXiv e-prints，2021.

② Bemporad A, Morari M. *Control of systems integrating logic，dynamics，and constraints* ［J］. Automatica，1999（03）.

感性方面捕获网络的共识和聚类突发行为是有用的[①]。

5.5 模型指标应用分析

在体育赛事网络舆情产生发酵的过程中，除了有外在的社会、政治、经济环境的影响，内在的传播主体的社群特性，文化信息资源差异的影响外，信息在网络社会中传播的过程中还受到微观影响因素的影响。

（1）网络密度

网络密度是传播者构成的节点间信息传播的互动程度，在有向网络图中，如果整体网络中包含的实际关系数目为a，那么其中包含的关系总数在理论上的最大可能值为b（b-1）则该网络整体密度M的表达式为M=ab（b-1）。整体网络的密度越大，表明网络成员之间的联系越紧密，该网络对其中传播者的态度、行为等产生的影响就越大。

（2）网络中心性

网络中心度是测量传播者对信息资源控制的程度。即一个节点的中间中心度越大，表明在传播过程中占有比较重要的传播路径，该节点拥有控制信息资源的重要地位。如果一个点的中间中心度为1，表示能100%控制其他传播者，拥有巨大的影响力。接近中心度反映传播者对网络的控制程度。接近中心度越小，表示传播者越接近网络中的核心地位，其信息依赖程度越小，在信息获取中越具有优势，权力声望也越高，则表示该传播者在整个网络中

---

① Bernardo C，Vasca F．*A Mixed Logical Dynamical Model of the Hegselmann-Krause Opinion Dynamics*[C]//21st IFAC World Congress，2020.

越重要[①]。

（3）凝聚子群

凝聚子群是传播者的一个子集合，在此集合中的传播者之间具有相对较强的、直接的、紧密的或积极的关系。如果传播网络存在凝聚子群，且凝聚子群的密度较高，表明传播网络中处于凝聚子群内部的传播成员相互之间联系紧密，在信息交流和合作方面交互性高。凝聚子群密度是衡量一个网络中群体现象的严重程度，凝聚子群密度取值范围在（-1，1），值越接近于1，表示派系林立程度越大，值越接近-1，表示派系林立程度越小[②]。

5.6　体育大型赛事网络舆情预测模型分析

网络舆情观点团簇的演化态势预测流程为首先使用爬虫软件在网络上爬取大量的数据和事件作为案例，对爬取到的事件数据中的观点团簇进行测度和演化态势感知，获取到的数据作为网络舆情观点团簇演化态势预测模型中的数据，再将需要预测的体育事件中已有的舆情数据输入已经完成训练的观点团簇演化态势预测模型中进行预测分析。舆情观点团簇演化的态势预测是在态势要素与态势理解的基础上进行的，体育赛事网络舆情观点团簇的演化态势模型的构建可以用来进行态势预测。体育赛事网络舆情观点团簇演化态势预测模型的原理是利用深度学习的方法，将已有的体育赛事网络舆情观点团簇的演化态势要素作为训练集，通过神经网络将观点团簇的演化态势要素作为学习特征，根据大量已有事件的观点团簇演化态势进行特征的权重分

---

① 孙丹丹. 基于网络分析的高中生数学认知结构组织特征研究［D］. 山东师范大学，2017.

② 万钰珏、李世银、房子豪等. 基于SNA的突发事件网络舆情意见领袖传播影响力［J］. 西安科技大学学报，2022，42（02）：9.

配,通过不断迭代来调整参数,直到训练完成。同时,利用增量学习的方式可以不断更新网络舆情观点团簇演化态势预测模型,根据正在进行预测的事件继续调整参数,使得观点团簇演化态势预测模型获得更强的泛用性,以适应多种类型的体育赛事网络舆情事件。网络舆情观点团簇演化态势预测实质是根据已有的经验趋势来预测未发生的未来趋势,观点团簇的演化态势与其态势要素具有某种规律性,且在不同时间节点中各态势要素对演化趋势的影响不同,因此,训练观点团簇演化态势预测模型的过程是对权重的确定过程,根据已有数据可以对演化态势要素的影响权重进行确定[①]。

5.7 体育赛事网络舆情治理与干预对策

网络传播环境的复杂性使得信息在传播的过程中发生较大的变化。虚假、片面、极端的网络舆情也会产生负面的社会影响,给社会带来风险隐患,体育赛事中负面的信息可能会导致球迷骚乱等情况发生,造成不良的社会影响。对于大型体育赛事,结合以往的赛事经验,再提早对体育赛事舆情动向进行事先预测,对政府部门和相关单位提出有效的参考和意见,科学、正向的形成管理机制促进舆情治理最终形成积极的社会影响。治理的概念来源于西方国家,随后在社会发展和政府施政方面得到广泛的实践与延伸。在治理的实践过程中,强调的并不是政府对于公共事务的干预或者管控,而是对过程的一种协同和协调,因此,治理可以定义为为了实现各社会主体利益的最大化而产生的一种持续的行为[②]。但与西方国家不同,西方国家倡导以

---

① 赵江元. 微博舆情观点团簇形成机理与演化态势感知研究 [D]. 吉林大学, 2021.

② 王聿达. 基于耦合网络的新型互联网舆情传播模型研究 [D]. 北京邮电大学, 2021.

市场为主导的管理，而国内更加注重政府为主导的解决对策，政府为主导的治理也多是政府借助其他主体力量，共同治理。体育赛事网络舆情是由互联网网络信息的集合和传统线下社交信息两个部分的交织耦合组成，政府部门治理的过程中不仅要干预线上网络舆情发展状况，也要对传统线下传播主体提出要求。

在国内疫情防控常态化和国外疫情差异化所带来的不确定性全球防疫背景之下，我国体育赛事网络舆情整体呈现出"多主体参与""多极化表达"和"全媒介呈现"的态势，无论是在网络社会空间中的体育媒介事件，还是体育赛事进展过程中发生的体育舆情，网络受众在热烈讨论体育话题的同时，利用各种新媒体工具对话题内容进行音视频的解构与体育文化的再生产，由此形成了裹挟着受众"极化情绪"表达的"体育文化狂欢"网络传播现象。而对于此类体育舆情的监测和治理，不同的社会组织如体育舆情领域，体育主管部门、体育赛事的组织者，社会体育机构与体育新媒体平台等在参与过程中均提出了相应的监管与引导建议，如跟踪舆论热点，健全体育突发事件应对机制，加强新闻发布强度，避免负面体育舆情的扩散传播，等等[①]。

大型综合性体育赛事将成为疫情之后我国履行国际责任、展示复兴能力、彰显大国担当的重要平台，也将成为国内外舆情交织的重要舆论场。机遇与挑战并存，通过总结梳理前期的大型体育赛事中的经验，并进行网络舆情风险预判，提出对大型体育赛事网络舆情风险的应对之策：（1）从社会情绪监测角度，利用情感分析技术构建体育舆情事件关键词模型，努力提升危机意识，创新舆论引导方式，进一步加强主动的对外国际传播，通过增加积极正面的有效内容供给和传播，掌握国际舆情传播话语权；（2）从体育舆

---

① 查禹. 后疫情时代下我国体育舆情的规制与引导［C］. 第十二届全国体育科学大会论文摘要汇编——墙报交流（体育新闻传播分会），2022：161-163.

情预测角度，建立完善的体育舆情案例库，尊重舆情传播规律，及时跟进国际舆情动态，尤其要关注国际社交媒体用户的情绪变化，采用多渠道的舆论引导方式，在舆情传播的重要节点予以正面引导和积极回应，避免出现"观点极化"效应；（3）从体育舆情智能决策角度，依托5G的信息传输速度，综合运用自然语言处理、虚拟仿真等技术，模拟网络体育情绪极化过程，完善体育舆情的规制与引导，为后疫情时代下我国的体育网络空间营造良好的舆论生态氛围①，协同多元治理主体，形成风险共治机制，集聚政府、国际组织、互联网企业、技术社群、民间机构、公民个人等多元主体的力量与智慧，参与舆情传播全生命周期，凝聚舆情风险的共治合力，有效提升网络空间舆情治理能力和水平，为其他大型体育赛事的顺利举办提供良好的社会网络舆情环境。

---

① 彭瑜婷，万晓红. 境外社交媒体的北京冬奥会网络舆情分析——基于Twitter推文的词频分析［C］. 第十二届全国体育科学大会论文摘要汇编——墙报交流（体育新闻传播分会），2022：115-116.

第六章　总结与展望

　　北京2022年冬奥会赛事网络舆情治理成功的经验和启示可以为举办其他大型体育赛事提供参考，在此基础上助力体育赛事网络舆情形成更为合理、科学的舆论宣传体系。大型综合性体育赛事网络舆情整体而言是正面的、积极的，在媒体以及网民的努力下充满爱国情怀和文化自信。同时，大型体育赛事网络舆论传播中媒体适度、适时地控制宣传节奏，才能引导舆情朝着更加正能量的方向发展。另外，媒体还要做好对负面舆情主体的积极应对和解释，引导网民对负面赛事网络舆情进行理性思考，用辩证的思维、客观的态度对待负面舆情事件和舆情话题，减少、降低网络暴力行为等。

　　互联网技术的迅猛发展打破了传播的时空界限，国内外舆论场的交流与碰撞交织，信息传播主体的国际化、匿名化和多元化也使体育赛事的网络舆情传播呈现着复杂、多元和立体化的特征。加强体育事件网络舆情监测，提高体育事件网络舆情应对能力，是新媒体环境下对政府体育治理提出的新要求，也是建设体育强国与网络强国的共同课题。随着新媒体技术的日新月异以及体育改革的全面深化，对代际更替引发的新生代舆情表达倾向、技术进步促成的媒介平台迭代以及体育改革触发的焦点议题变化等，都必须及时准确地洞察、解释并加以治理，使体育网络舆情同时代发展的现实需求相吻合。做好国家大型体育赛事的国际舆情风险应对，有助于充分发挥赛事的社会影响力，积极主动掌握国家话语权，实现良好国家形象的建构与传播。

参考文献

［1］中国互联网络中心．第49次中国互联网络发展状况统计报告［R］．北京：中国互联网络中心，2022．

［2］刘泉．基于个体社会属性的网络舆情演化模型研究［D］．大连理工大学，2016．

［3］刘颖，李欲晓．网络舆情传播特征分析［J］．北京邮电大学学报（社会科学版），2011，13（04）．

［4］姜晓斐．大数据和人工智能在新闻传播生产模式中的应用［J］．传媒论坛，2021，4（07）．

［5］李文军，陈妹．大数据驱动的社会网络舆情治理路径研究［J］．中共天津市委党校学报，2021，23（05）．

［6］左蒙，李昌祖．网络舆情研究综述：从理论研究到实践应用［J］．情报杂志，2017，36（10）．

［7］林荧章．网络舆情的"事件化"取向刍议［J］．新闻界，2017（01）．

［8］金飞．马克思主义新闻观与中国网络舆情管理研究［D］．武汉：湖北大学，2018．

［9］Beckers K，Walgrave S，Wolf H V，et al. *Right-wing Bias in*

Journalists' Perceptions of Public Opinion [J] .Journalism Practice, 2019.

[10] Porten-Chee P, Eilders C, *The effects of likes on public opinion perception and personal opinion* [J] .communications-European journal of communication research, 2020. 45（02）.

[11] Sude DJ, Knobloch-Westerwick S, Robinson MJ, Westerwick, A*"Pick and choose"opinion climate*：*How browsing of political messages shapes public opinion perceptions and attitudes* [J] .communication monographs, 2019, 86（04）.

[12] Zheng C D, Xue J, Sun YM, Zhu TS. *Public Opinions and Concerns Regarding the Canadian Prime Minister's Daily COVID-19 Briefing*：*Longitudinal Study of YouTube Comments Using Machine Learning Techniques* [J] . journal of medical internet research, 2021, 23（02）.

[13] Liu K, Li L, Jiang TChen B, Jiang Z G, Wang Z T, Chen Y D, Jiang JM, Gu, H. *Chinese Public Attention to the Outbreak of Ebola in West Africa*：*Evidence from the Online Big Data Platform* [J] .international journal of environmental research and public health, 2016. 13（08）.

[14] Soffer, O.*Assessing the climate of public opinion in the user comments era*：*A new epistemology* [J] . journalism, 2019, 20（06）.

[15] Sanchez H, Aguilar J, Teran O, de Mesa JG. *Modeling the process of shaping the public opinion through Multilevel Fuzzy Cognitive Maps* [J] . Applied Soft Computing, 2019, 85（11）.

[16] Zerback T, Fawzi N. *Can online exemplars trigger a spiral of silence?Examining the effects of exemplar opinions on perceptions of public opinion and speaking out* [J] new media&society, 2017, 19（07）.

[17] Neresini F, Lorenzet A. *Can media monitoring be a proxy for public*

opinion about technology scientific controversies? The case of the Italian public debate on nuclear power [J]. public understanding of science, 2016, 25 (02).

[18] Zubiaga A, Procter R, Maple C. *A longitudinal analysis of the public perception of the opportunities and challenges of the Internet of Things* [J]. PLOS one, 2018. 13 (12).

[19] Yin Ni, SU ZY, Wang WR, Ying YH. *A novel stock evaluation index based on public opinion analysis* [J]. Priced Computer Science, 2019, 10 (147).

[20] 郭苏琳. 区块链环境下网络舆情传播及风险管理研究 [D]. 吉林大学, 2020.

[21] Xue YL, Xu LY, Qiu BC, Wang L, Zhang GW. *Relationship discovery in public opinion and actual behavior for social media stock data space* [J]. EURASIP journal on wireless communications and networking, 2016.

[22] Michael G, Agur C. *The Bully Pulpit, Social Media, and Public Opinion: A Big Data Approach* [J]. journal of information technology&politics. 2018, 15 (03).

[23] Toff, B. *The "Nate Silver effect" on political journalism: Gatecrashers, gatekeepers, and changing newsroom practices around coverage of public opinion polls* [J]. journalism. 2019, 20 (07).

[24] Mc Gregor, SC. *Social media as public opinion: How journalists use social media to represent public opinion* [J]. 2019, 20 (08).

[25] Kwon KH, Bang CC, Egnoto M, Rao HR. *Social media rumors as improvised public opinion: semantic network analyses of twitter discourses during Korean saber rattling* [J]. Asian journal of communication, 2016, 26 (03).

[26] Ma BJ. Zhang N, Liu GN, Li LQ, Yuan H, *Semantic search*

for public opinions on urban affairs：*A probabilistic topic modeling-based approach*［J］. information processing&management，2016，52（03）.

［27］Li J X，Li X，Zhu B，*User opinion classification in social media*：*A global consistency maximization approach*［J］.information&management，2016，53（08）.

［28］Li Z，Gan S，Jia R，et al. *Retraction Note to*：*Capture-removal model sampling estimation based on big data*［J］. Cluster Computing，2018.

［29］Adelhoefer S，Henry T S，Blankstein R，et al. *Declining interest in clinical imaging duringthe COVID-19 pandemic*：*An analysis of Google Trends data*［J］. Clinical Imaging，2021，73.

［30］Hajiali M. *Big data and sentiment analysis*：*A comprehensive and systematic literature review*［J］. Concurrency and Computation Practice and Experience，2020（01）.

［31］Hong J L，Lee M，Lee H，et al. *Mining service quality feedback from social media*：*A computational analytics method*［J］. Government Information Quarterly，2021，38（03）.

［32］Dandannavar P. *Text Analytics Framework Using Apache Spark and Combination of Lexical and Machine Learning Techniques.* 2016.

［33］VAN，DER，VYVER，et al. *Analysing public perceptions of international events by using GEO-located Twitter data*［J］. International Journal of Humanities Arts&Social Sciences，2017.

［34］Liu J，Shi G，Zhou J，et al. *Prediction of College Students' Psychological Crisis Based on Data Mining*［J］. Mobile Information Systems，2021，2021（23）.

［35］芦球，刘媛媛. 基于微信平台的大学生心理危机预警系统设计

[J]. 太原城市职业技术学院学报, 2019 (02).

[36] Japec L, F Kreuter, Berg M, et al. *Big Data in Survey Research*: *AAPOR Task Force Report* [J]. Public Opinion Quarterly, 2015, 79 (04).

[37] Xu X H, Yang X, Chen X, et al. *Large group two-stage risk emergency decision-making method based on big data analysis of social media* [J]. Journal of Intelligent and Fuzzy Systems, 2019, 36 (03).

[38] Tandoc E C, Oh S K. *Small Departures, Big Continuities*? [J]. Journalism Studies, 2015, 18 (08).

[39] Helles R, J Rmen, Lomborg S, et al. *Big data and explanation*: *Reflections on the uses of big data in media and communication research* [J]. European Journal of Communication, 2020, 35 (03).

[40] Michael M, Lupton D. *Toward a manifesto for the public understanding of big data'* [J]. Public understanding of science, 2016, 25 (01).

[41] 谈国新, 方一. 突发公共事件网络舆情监测指标体系研究 [J]. 华中师范大学学报（人文社会科学版）, 2010, 49 (03).

[42] 李启月, 杨晓枭, 黄兴, 王宏伟, 魏新傲, 吕雯婷. 基于系统安全降维理论的网络舆情危机预警方法研究 [J]. 情报杂志, 2021, 40 (09).

[43] 袁媛. 面向公共安全风险防控的疫情网络舆情预警研究——以刚果埃博拉病毒为例 [J]. 情报科学, 2022, 40 (01).

[44] 段思遥. 湖南精准扶贫网络舆情现状、问题及应对策略研究 [D]. 湖南师范大学, 2019.

[45] 陈福集, 李林斌. G（Galam）模型在网络舆情演化中的应用 [J]. 计算机应用, 2011 (12).

[46] 王茹, 蔡勖. 推广小世界网络上的Sznajd舆论模型 [J]. 广西师范大学学报（自然科学版）, 2008 (01).

［47］陈桂茸，蔡皖东，徐会杰等. 网络舆论演化的高影响力优先有限信任模型［J］. 上海交通大学学报，2013（01）.

［48］Albert R，Barabási A-L. *Statistical Mechanics of Complex Networks*［J］. Reviews of Modern Physics，2002，74（1）.

［49］熊熙，胡勇. 基于社交网络的观点传播动力学研究［J］. 物理学报，2012（15）.

［50］王根生. 网络舆情群体极化动力模型与仿真分析［J］. 情报杂志，2012，31（03）.

［51］LiH&Sakamo to Y. *Social impact sin social media：An exam nation of perceived truthfulnessand sharing of information*［J］. Computer sin Human Behavior，2014，41.

［52］Lian Y，Dong X，Liu Y. *Topological evolution of the internet public opinion*［J］. Physical A：Statistical Mechanics and its Applications，2017.

［53］Hong W，Li Q，Wu L. *Food safety internet public opinion transmission simulation and management Counter measures considering information authenticity*［J］. Systems Engineering-Theory&Practice，2017，37（12）.

［54］Celikdemir D Z，Gunay G，Katrinli A，et al. *Defining sustainable universities following public opinion formation process*［J］. International Journal of Sustainability in Higher Education，2017，18（3）.

［55］Lan CW，Li FC. *A Summary of Theoretical Research on Internet Public Opinion Evolution，Early Warning And Coping at Home and Abroad*［J］. Library Journal，2018，37（12）.

［56］Malarz，K，Grone k，P，Kulakowski，K. *Zaller-Deffuant Model of Mass Opinion*［J］. JASSS-THE Journal of Artificial Societies and Social Simulation，2011，14（1）.

［57］Wan HX，Peng Y. *Public Opinion Hot spot Discovery Algorithm Based on Fuzzy Clustering* LDA［J］. Applied Mechanics and Materials，2013.

［58］Zhang L，Tong W，Jin Z，etal. *The Research on Social Networks Public Opinion Propagation Influence Models And Its Controll ability*［J］. China Communications，2018，15（7）.

［59］Hong L，Shi LY，Li M. *Research on Multi-agent Response Factors of Network Public Opinion Based on System Dynamics*［J］. Information Science，2017，35（01）.

［60］Chen T，Peng L，Yang J，et al. *Modeling，simulation，and case analysis of COVID over network public opinion formation with individual internal factors and external information characteristics*［J］. Concurrency and Computation Practice and Experience，2021（6）.

［61］谈天辰，洪磊，杨逸尘，黄晓淳. 基于SIR模型的涉警舆情网络传播研究［J］. 信息技术与信息化，2021（09）.

［62］苏国强，兰月新. 基于SIR的突发事件网络谣言扩散模型研究［J］.武警学院学报，2013，29（4）.

［63］李可嘉，王义康. 改进SIR模型在社交网络信息传播中的应用［J］.电子科技，2013，26（8）.

［64］丁学君. 基于SIR的SNS网络舆情话题传播模型研究［J］. 计算机仿真，2015，32（1）.

［65］赵剑华，万克文. 基于信息传播模型–SIR传染病模型的社交网络舆情传播动力学模型研究［J］. 情报科学，2017，35（12）.

［66］刘勇，韩清云. 基于主题与多元情感融合的网络舆情动态分析方法研究［J］. 竞争情报，2021，17（05）.

［67］张义庭，谢威. 基于熵理论的高校突发事件网络舆情五力模型构建

［J］．情报杂志，2012（11）．

［68］郭苏琳．区块链环境下网络舆情传播及风险管理研究［D］．吉林大学，2020．

［69］曾祥平，方勇，袁媛等．基于元胞自动机的网络舆论激励模型［J］．计算机应用，2007（11）．

［70］邓建高，张璇，傅柱等．基于系统动力学的突发事件网络舆情传播研究：以"江苏响水爆炸事故"为例［J］．现代图书情报技术，2020，004（002）．

［71］袁国平，许晓兵．基于系统动力学的关于突发事件后网络舆情热度研究［J］．情报科学，2015（10）．

［72］宗利永，顾宝炎．危机沟通环境中网络舆情演变的Multi-Agent建模研究［J］．情报科学，2010（09）．

［73］朱恒民，李青．面向话题衍生性的微博网络舆情传播模型研究［J］．现代图书情报技术，2012（05）．

［74］姜景，张立超，刘怡君．基于系统动力学的突发公共事件微博舆论场实证研究［J］．系统管理学报，2016，25（005）．

［75］张彦超．社交网络服务中信息传播模式与舆论演进过程研究［D］．北京：北京交通大学，2012：20．

［76］魏丽萍．网络舆情形成机制的进化博弈论启示［J］．新闻与传播研究，2010（06）．

［77］Sznajd-Weron K，Sznajd J．*Opinion evlution in closed community*［J］．International Journal of Modern Physics C，2000，11（06）．

［78］Deffuant G，Neau D，Amblard F，etal．*Mixing beliefs a-mong interacting agents*［J］．Advances in Complex Systems，2000，3（01）．

［79］Hegsekmann R，Krause U．*Opinion dynamics and bounded*

confidence models，*analysis and simulation*［J］．Journal of Artificial Societies and Social Simulation，2002，5（03）．

［80］李青，朱恒民．基于BA网络的互联网舆情观点演化模型研究［J］．情报杂志，2012，31（03）．

［81］宋艳双，刘人境．网络结构和有界信任对群体观点演化过程的交互影响［J］．软科学，2016，30（01）．

［82］张亚楠，孙士保，张京山等．基于节点亲密度和影响力的社交网络舆论形成模型［J］．计算机应用，2017，37（04）．

［83］何建佳，刘举胜．基于扩展Hegselmann-Krause模型的舆论演化模式研究［J］．情报科学，2018，36（01）．

［84］Zan M O，Zhao B，Huang Y，et al. *Network public opinion prediction byempirical mode decomposition-autoregression based on extreme gradientboosting model*［J］．Journal of Computer Applications，2018，38（03）．

［85］Lee mann L，Wasser fallen F. *Extending the Use and Prediction Precision of Sub national Public Opinion Estimation*［J］．American Journal of Political Science，2017，61（04）．

［86］Liu X D，Cao A X，Li C Y. Novel *Network Public Opinion Prediction and Guidance Model Based on* "*S-Curve*"：*Taking M the Loss of Contact with* "*Malaysia Airlines*" ［J］．Mathematical problem sin engineering，2021．

［87］LiuH，YuZK，ZhongXZ，YuHL. *Network Public Opinion Monitoring System for Agriculture Products Based on Big Data*［J］．scientific programming，2021．

［88］VepsalainenT，LiHX，Suomi，R. *Facebook likes and public opinion*：*Predicting the 2015 Finnish parliament ary elections*［J］．government information quarterly，2017，34（3）．

［89］Tong YF，SunW. *Multimedia Network Public Opinion Super vision Prediction Algorithm Based on Big Data*［J］. complexity，2020.

［90］Xie WY，Xu ZS，Ren ZL，Viedma，EH. *Restoring in complete PUMLPRs for evaluating the management way of online public opinion*［J］. information sciences，2020. 516.

［91］SHI，JUN-PING DU，MEI-YU LIANG，et al. *SRTM：A Sparse RNN-Topic Model for Discovering Bursty Topics in Big Data of Social Networks*［J］. Journal of Information Science and Engineering，2019，35（04）.

［92］林玲，陈福集，谢加良等. 基于改进灰狼优化支持向量回归的网络舆情预测［J］. 系统工程理论与实践，2022，42（02）.

［93］田世海，孙美琪，张家毓. 基于贝叶斯网络的自媒体舆情反转预测［J］. 情报理论与实践，2019，42（02）.

［94］杨茂青，谢健民，秦琴，王舒可. 基于RF算法的突发事件网络舆情演化预测分析［J］. 情报科学，2019，37（07）.

［95］魏德志，陈福集，郑小雪. 基于混沌理论和改进径向基函数神经网络的网络舆情预测方法［J］. 物理学报，2015，64（11）.

［96］游丹丹，陈福集. 基于改进粒子群和BP神经网络的网络舆情预测研究［J］. 情报杂志，2016，35（08）.

［97］牟冬梅，靳春妍，邵琦. 基于情感分析的突发公共卫生事件网络舆情热度预测模型仿真［J］. 现代情报，2021，41（10）.

［98］董坚峰. 基于Web挖掘的突发事件网络舆情预警研究［J］. 现代情报，2014，34（02）.

［99］贾娴. 基于Web挖掘的突发事件网络舆情预警策略探讨［J］. 电子技术与软件工程，2015（08）.

［100］王高飞，李明. 基于AHP-模糊综合分析的移动社交网络舆情预

警模型研究［J］．现代报，2017，37（01）．

［101］张艳丰，李贺，彭丽徽．基于直觉模糊推理的网络舆情监测预警评估方法研究［J］．情报杂志，2017，36（06）．

［102］杨柳，罗文倩，邓春林等．基于灰色关联分析的舆情分级与预警模型研究［J］．情报科学，2020，38（08）．

［103］林伟健．基于云模型的网络突发群体事件预警监测模型的研究［D］．镇江：江苏科技大学，2016．

［104］王耀杰，崔皪龙，甘波．基于数字孪生技术的反恐情报预警体系研究［J］．情报杂志，2021，40（03）．

［105］孙莉玲．几类网络舆情研判模型及应对策略研究［D］．东南大学，2016．

［106］孙玲芳，周加波，林伟健等．基于BP神经网络和遗传算法的网络舆情危机预警研究［J］．情报杂志，2014，33（11）．

［107］王相飞，张巧玲．大数据背景下大型体育赛事新媒体的传播研究［J］．武汉体育学院学报，2015，49（11）．

［108］付晓静，罗珍，赵蕴．大数据时代的体育公关传播［J］．武汉体育学院学报，2015，49（09）．

［109］田庆柱．网络舆情对球迷群体性事件的影响及应对策略研究［J］．体育与科学，2014，35（02）．

［110］袁永军．大型体育赛事微信传播研究［D］．武汉体育学院，2016．

［111］张舒．体育赛事突发事件应急预案研究［D］．河北师范大学，2013．

［112］阮文奇，张舒宁，李勇泉．大型体育赛事网络信息扩散的时空规律及机制——以国际田联路跑金标赛事为例［J］．上海体育学院学报，

2020, 44（02）.

[113] 王晓晨，关硕，于文博，李芳. 体育赛事网络舆情的传播特征研究——基于2019年女排世界杯的文本情感分析 [J]. 成都体育学院学报，2020, 46（05）.

[114] 徐正驰. 自媒体时代体育传播范式变迁与融合发展研究 [D]. 山东大学，2016.

[115] 蒲毕文. 基于社会网络分析的体育赛事舆情传播实证研究 [J]. 山东体育学院学报，2014, 30（06）.

[116] 耿煜傑. 西安国际马拉松赛事网络传播特点分析研究 [D]. 西安体育学院，2018.

[117] 郭志权. 品牌营销与城市形象建构 [D]. 兰州大学，2018.

[118] 万晓红，周榕，李雪贝. 社会化媒体语境下体育赛事争议的对话性传播路径探讨——以平昌冬奥会女子3000米短道速滑判罚事件为例 [J]. 成都体育学院学报，2019, 45（02）.

[119] 邹天然，杨铄. 移动互联时代体育赛事网络舆情公关研究 [J]. 浙江体育科学，2017, 39（01）.

[120] 张茉，关博. 体育赛事中"圈层舆论"的衍生及其治理机制 [J]. 体育与科学，2020, 41（06）.

[121] 王迪. 网络舆情语境下全国学生运动会突发事件的处置探究 [J]. 当代体育科技，2017, 7（33）.

[122] 朱倩. 我国体育赛事舆情现状研究 [D]. 南京体育学院，2017.

[123] 孙星恺，王晓，陆浩. 面向活动的网络媒体监测与建模分析：IVFC案例解析 [J]. 智能科学与技术学报，2019, 1（04）.

[124] 宋广玉. 大型体育赛事舆情应对工作的思考与启示——以南京青奥会为例 [J]. 新闻研究导刊，2016, 7（20）.

［125］刘晓丽. 全媒体时代体育赛事危机传播管理研究［D］. 武汉体育学院，2019.

［126］程宵. 北京马拉松官方微博传播现状研究［D］. 广州体育学院，2019.

［127］陶玉洁，凌永哲. 2019年女排世界杯网络舆情媒体议程分析［J］. 声屏世界，2020（14）.

［128］王金丽，郑祥，郑立志，马英利，于淑华. 大型体育赛事舆论宣传研究——以第十三届全运会为中心的考察［J］. 河北民族师范学院学报，2018，38（04）.

［129］王子奕，管志清. 社交媒体中体育赛事传播研究——以里约奥运会为例［J］. 湖南科技学院学报，2017，38（08）.

［130］施朗. 大型体育赛事综合管理运行中心的设计与实现——以第七届世界军人运动会综合管理中心可视化平台建设为例［J］. 科技与创新，2020（06）.

［131］沈昕怡，徐成龙. 基于微博文本挖掘的体育赛事网络舆情研究——以东京奥运会为例［J］. 新闻研究导刊，2021，12（23）.

［132］查禹. 体育舆情研究的流变——新媒体体育舆情场域的深度扩散［J］. 当代体育科技，2021，11（19）.

［133］丁斯妤，戴学东. 大数据解读大型体育赛事报道中媒体议题与网民议题规律［J］. 南方传媒研究，2018（04）.

［134］王金川. 北京冬奥会、冬残奥会舆情传播及治理研究［D］. 南京体育学院，2021.

［135］涂琴. 近15年（2005-2019）我国竞技体操网络舆情事件与舆情演变分析［D］. 南京体育学院，2021.

［136］丁斯妤. 体育赛事网络舆情分析及应对策略研究［D］. 广州体

育学院，2020.

［137］马任超. 兰州国际马拉松赛事传播运营研究报告（2011-2019）［D］. 兰州大学，2021.

［138］李沛津. 国乒退赛事件舆论引导研究［D］. 北京体育大学，2019.

［139］陈嘉宝. 体育赛事微博舆论传播的网络结构及其演化规律研究［D］. 武汉体育学院，2020.

［140］郭苏琳. 区块链环境下网络舆情传播及风险管理研究［D］. 吉林大学，2020.

［141］王来华. 舆情研究概论：理论、方法和现实热点［M］. 天津：天津社会科学院出版社，2003.

［142］许鑫，章成志，李雯静. 国内网络舆情研究的回顾与展望［J］. 情报理论与实践，2009，32（03）.

［143］张克生. 国家决策：机制与舆情［M］. 天津：天津社会科学院出版，2004.

［144］卢山，姚翠友. 网络舆情的影响力及应对策略的研究［J］. 电子商务，2011（01）.

［145］丁柏铨. 略论舆情——菲殷它与舆论，新闻的关系［J］. 新闻记者. 2007（06）.

［146］王建龙. 把握社会舆情［J］. 瞭望. 2002. 20.

［147］肖燕妮. 网络舆情引导—宣传思想工作的新课题［D］. 南京师范大学，2012.

［148］刘毅. 内容分析法在网络舆情信息分析中的应用［J］. 天津大学学报：社会科学版，2006（07）.

［149］刘钊. 和谐社会背景下的我国网络舆情研究［D］. 武汉纺织大

学，2013.

［150］邓晶艳. 基于大数据的大学生日常思想政治教育创新研究［D］. 贵州师范大学，2021.

［151］杨咏. 大数据视域下的高校网络社区文化建设策略［J］. 黑龙江 高教研究，2014（11）.

［152］杨燕艳，朱春燕，韩业俭. 大数据环境下的信息处理［J］. 电子 技术与软件工程，2014（23）.

［153］赵曙光，吴璇. 大数据：作为一种方法论的追溯与质疑［J］. 国 际新闻界，2020，42（11）.

［154］赵江元. 微博舆情观点团簇形成机理与演化态势感知研究［D］. 吉林大学，2021.

［155］卡尔·霍夫兰. 传播与劝服［M］. 张建中，李雪晴，曾苑译. 北 京：中国人民大学出版社，2015.

［156］王晓晖. 舆情信息汇集分析机制研究［M］. 北京：学习出版 社，2006.

［157］史波. 公共危机事件网络舆情内在演变机理研究［J］. 情报杂 志，2010，29（04）.

［158］丁柏铨. 论网络舆情［J］. 新闻记者，2010（03）.

［159］刘毅. 网络舆情研究概论［M］. 天津：天津出版社，2007.

［160］张一文. 突发性公共危机事件与网络舆情作用机制研究［D］. 北京邮电大学，2012.

［161］李昌祖，张洪生. 网络舆情的概念解析［J］. 现代传播（中国传 媒大学学报），2010（09）.

［162］孙玲芳，周加波，徐会，侯志鲁，许锋. 网络舆情危机的概念辨 析及指标设定［J］. 现代情报，2014，34（11）.

［163］王连喜．网络舆情领域相关概念分布及其关系辨析［J］．现代情报，2019，39（06）．

［164］曾润喜．网络舆情管控工作机制研究［J］．图书情报工作，2009，53（18）．

［165］周耀明，王波，张慧成．基于Emd的网络舆情演化分析与建模方法［J］．计算机工程．2012（21）．

［166］朱恒民，苏新宁，张相斌．互联网舆情演化的动态网络模型研究［J］．情报理论与实践．2010（10）．

［167］陈福集，李林斌．G（Galam）模型在网络舆情演化中的应用［J］．计算机应用．2011（12）．

［168］罗成琳，李向阳．突发性群体事件及其演化机理分析［J］．中国软科学．2009（06）．

［169］叶梦颖．信息概念的再诠释：论布鲁塞尔学派耗散结构理论对香农信息论的补充与发展［D］．暨南大学，2020．

［170］梅琼林．克劳德·香农的信息论方法及其对传播学的贡献［J］．九江学院学报，2007（06）．

［171］吴文虎．传播学概论［M］．武汉大学出版社，2000．172．

［172］刘俭云．对香农定理与传播学理论构建关联的再讨论［J］．电化教育研究，2009（05）．

［173］李苓．信息论的基本内容与传播方式［J］．重庆社会科学，2008（09）．

［174］陈宜生，刘书声．谈谈熵［M］．湖南：湖南教育出版社，1996．

［175］孙静．克劳德·香农信息论及其现实意义［J］．青年记者，2012（03）．

［176］徐宝达，赵树宽，张健．基于社会网络分析的微信公众号信息传

播研究［J］．情报杂志，2017，36（01）．

［177］金镇，毕强．作为一门学科的网络信息传播［J］．情报资料工作，2006（03）．

［178］许烨婧．多媒体网络舆情信息的并发获取机理与话题衍进追踪研究［D］．吉林大学，2020．

［179］陈玉萍．体育旅游危机事件网络舆情诱发、演化与治理研究［D］．上海体育学院，2021．

［180］Rivera J，Hill R B. *The Persistance of the differential Characters of the Eggs，Larvae and Adults in different Generations of A.maculipennis var. atroparvus*［J］．Medicina De Los Paises Calidos，1935．

［181］卢勤．是继承，还是反叛——埃里克森与弗洛伊德人格心理观的比较研究［J］．西南民族学院学报：哲学社会科学版，2005，23（11）．

［182］Haire. *Biological Models and Empirical Histories of the Growth of Organizations*［J］．1959．

［183］Vernon R. *International investment and international trade in the product cycle*［J］．International Executive，1966，8（04）．

［184］W，E，Horton. *Effects of hyperketonemia on mouse embryonic and fetal glucose metabolism in vitro*［J］．Teratology，1985．

［185］赵岩，王利明，杨菁．公共危机事件网络舆情生命周期特征分析及对策研究［J］．经济研究参考，2015（16）．

［186］Watts DJ，Strogatz SH. *Collective dynamics of small-world' networks*［J］．Nature，1998．

［187］BARABÁSI，A.，R．ALBERT. *Emergence of scaling in random networks*［J］．science，1999，286（5439）．

［188］纪诗奇．复杂网络环境下舆情演化机理研究［D］．北京工业大

学，2014.

［189］席峰. 基于复杂网络理论的无线传感器网络地理路由和信息融合［D］. 南京理工大学，2010.

［190］何敏华. 复杂网络上传播动力学研究［D］. 华中科技大学，2009.

［191］李丹丹. 社会网络上的舆情传播与观点演化模型研究［D］. 南京航空航天大学，2018.

［192］张伟. 基于复杂社会网络的网络舆情演化模型研究［D］. 哈尔滨工业大学，2014.

［193］吴泓润. 复杂网络的建模及传播动力学研究［D］. 武汉大学，2018.

［194］张军，王学金，李鹏，庄云蓓. 基于CCM的突发事件网络舆情传播建模方法研究［J］. 情报理论与实践，2022，45（06）.

［195］廖守亿，戴金海. 复杂适应系统及基于Agent的建模与仿真方法［J］. 系统仿真学报，2004（01）.

［196］郭晓亮. 虚拟环境下多实体行为仿真关键技术研究［D］. 东北大学，2008.

［197］牛文元. 社会物理学与中国社会稳定预警系统［J］. 中国科学院院刊，2001（01）.

［198］郭苏琳. 区块链环境下网络舆情传播及风险管理研究［D］. 吉林大学，2020.

［199］张翼晖. 反转新闻中受众态度及影响因素调查研究［D］. 山东大学，2019.

［200］Sznajd-Weron K，Sznajd J. *Opinion Evolution in Closed Community*［J］.International Journal of Modern Physics C. 2000，11（06）.

[201] Sznajd-WeronK. *Sznajd Mode and Its Applications* [J]. Acta Physical Polonica B, 2005, 36.

[202] BeheraL, SchweitzerF. *On Spatial Consensus Formation: Is the Sznajd Model Different from a Voter Model?* [J]. International Journal of Modern Physics C, 2003, 14 (10).

[203] StaufferD, SousaAO, deOliveiraSM. *Generalizationto Square Lattice of Sznajd Sociophysics Model* [J]. International Journal of Modern Physics C, 2000, 11 (06).

[204] ChangI. *Sznajd Socio physics Model ona Triangular Lattice: Ferro and Antiferromagnetic Opinions* [J]. International Journal of Modern Physics C, 2001, 12 (10).

[205] ElgazzarA. *Application of the Sznajd Sociophysics Modelto Small-World Networks* [J]. International Journal of Modern Physics C, 2001, 12 (10).

[206] HeM, LiB, LuoL. *Sznajd Model with"Social Temperature"and Defender on Small-World Networks* [J]. International Journal of Modern Physics C, 2004, 15 (07).

[207] StaufferD, SousaA, SchulzC. *Discretized Opinion Dynamicsofthe Deffuant Modelon Scale-Free Networks* [J]. Journal of Artificial Societies and Social Simulation, 2004, 7 (03)

[208] SousaA, SanchezJ. *Outward-Inward Information Fluxinan Opinion Formation Modelon Different Topologies* [J]. Physica A: Statistical Mechanics and Its Applications, 2006, 361 (01).

[209] Tessone CJ, Toral R, Amengual P, etal. *Neighborhood Models of Minority Opinion Spreading* [J]. The European Physical Journal B: Condensed

Matter and Complex Systems, 2004, 39（04）.

［210］GekleS, PelitiL, GalamS. *Opinion Dynamics in a Three-Choice System*［J］. The European Physical Journal B：Condensed Matter and Complex Systems, 2005, 45（04）.

［211］Galam S. *Hetero geneous Beliefs，Segregation，and Extremism in the Making of Public Opinions*［J］. Physical Review E, 2005, 71（04）.

［212］Galam S, Jacobs F. *The RoleofInflexible Minoritiesin the Breaking of Democratic Opinion Dynamics*［J］. Physical A：Statistical Mechanics and Its Applications, 2007, 381.

［213］LataneB. *The Psychology of Social Impact*［J］. American Psychologist, 1981, 36（04）.

［214］Nowak A, Szamrej J, LatanéB. *From Private Attitude to Public Opinion：A Dynamic Theory of Social Impact*［J］. Psychological Review, 1990, 97（03）.

［215］Kohring G. *Ising Models of Social Impact：The Role of Cumulative Advantag*e［J］. Journal de PhysiqueI, 1996, 6（02）.

［216］Lyst J, Kacper ski K, Schweitzer F. *Social Impact Models of Opinion Dynamics*［J］. Annual Reviews of Computational Physics. 2002（09）.

［217］Deffuant G, Neau D, AmblardF, etal. *Mixing Beliefs among Interacting Agents*［J］. Advances in Complex Systems, 2000, 3.

［218］秦强. 讨论模型视角下的社交媒体舆论演化机制研究［D］. 南京大学, 2018.

［219］ShangY. *An Agent Based Model for Opinion Dynamics with Random Confidence Threshold*［J］. Communications in Nonlinear Science and Numerical Simulation, 2014, 19（10）.

［220］陈玉萍. 体育旅游危机事件网络舆情诱发、演化与治理研究［D］. 上海体育学院，2021.

［221］黄微，许烨婧，刘熠. 大数据环境下多媒体网络舆情并发获取的数据驱动机理研究［J］. 情报理论与实践，2019，42（06）.

［222］Wu Y，Hu Y，He X H. *Public opinion formation model based on opinion entropy*［J］.International Journal of Modern Physics C，2013，24（11）.

［223］吴永红，刘敬贤. 多智能体网络一致性协同控制理论及应用［M］. 北京：科学出版社，2013.

［224］苏雄. 近代国际体育赛事的形成与发展管窥［J］. 首都体育学院学报，2006（06）.

［225］王伟中. 大型体育赛事对场馆的综合效应分析［J］. 南京体育学院学报（自然科学版），2009，8（04）.

［226］王子朴，杨铁黎. 体育赛事类型的分类及特征［J］. 上海体育学院学报，2005（06）.

［227］陶卫宁，体育赛事策划与管理［M］. 重庆：重庆大学出版社，2015：9.

［228］木子. 2022体育大事记［J］. 体育博览，2022（02）.

［229］唐晓彤. 大型国际体育赛事对社会发展的波及效应［J］. 广州体育学院学报，2007（01）.

［230］奥林匹克运动会简史［J］. 新体育，2021（12）.

［231］Qian L，Braunstein L A，Wang H，et al. *Non-consensus opinion models on complex networks*［J］. Journal of Statistical Physics，2013，151（1-2）.

［232］李根强，刘莎，张亚楠，孟勇. 信息熵理论视角下网络集群行为主体的观点演化研究［J］. 情报科学，2020，38（01）.

［233］Chazelle B，Wang C. *Inertial Hegsemann-Krause Systems*［J］. IEEE Transactions on Automatic Control，2015.

［234］张伟. 复杂开放网络中的多主体意见演化模型及其仿真［J］. 情报杂志，2015，34（09）.

［235］张大志，谷鹏. 新媒体环境下体育事件网络舆情的特征与引导策略［J］. 体育科研，2021，42（04）.

［236］李根强，刘莎，张亚楠，孟勇. 信息熵理论视角下网络集群行为主体的观点演化研究［J］. 情报科学，2020，38（01）.

［237］贾梦雨，移动环境下电竞赛事网络舆情信息聚合与扩散研究［D］. 成都体育学院，2021.

［238］马永军，柴梦瑶. 基于改进HK模型的社交网络舆情演化［J］. 计算机应用与软件，2021，38（09）.

［239］Eryomin，Alexei L. *Information ecology-a viewpoint*［J］. International Journal of Environmental Studies，1998，54（3-4）.

［240］Nardi，Bonnie A，O'Day， et al. *Information Ecologies：Using Technology with Heart-Chapter Four：Information Ecologies*［J］. Serials Librarian，2000，38（1-2）.

［241］张柳. 社交网络舆情用户主题图谱构建及舆情引导策略研究［D］. 吉林大学，2021.

［242］刘雄. 体育突发事件网络舆情的传播特征研究——基于"孙杨事件"的情感分析［J］. 产业与科技论坛，2022，21（05）.

［243］王晰巍，张柳，黄博，韦雅楠. 基于LDA的微博用户主题图谱构建及实证研究——以"埃航空难"为例［J］. 数据分析与知识发现，2020，4（10）.

［244］Yong li Zhang， Christoph F. Eick. *Tracking Events in Twitter by*

Combining an LDA-Based Approach and a Density–Contour Clustering Approach〔J〕．International Journal of Semantic Computing，2019，13（01）．

〔245〕张义祥，张晓丽，杜夏雨．基于LDA主题模型"孙杨案"的网络舆情分析〔C〕//．第十二届全国体育科学大会论文摘要汇编——专题报告（体育信息分会）．2022.

〔246〕Axelrod，R．*The Dissemination of Culture A Model with Local Convergence and Global Polarization*〔J〕．Journal of Conflict Resolution，1997，41（02）．

〔247〕Lanchier N，Li H L．*Consensus in the Hegselmann-Krause model*〔J〕．arXiv e–prints，2021.

〔248〕Bemporad A，Morari M．*Control of systems integrating logic，dynamics，and constraints*〔J〕．Automatica，1999（03）．

〔249〕Bernardo C，Vasca F．A *Mixed Logical Dynamical Model of the Hegselmann–Krause Opinion Dynamics*〔C〕21st IFAC World Congress．2020.

〔250〕孙丹丹．基于网络分析的高中生数学认知结构组织特征研究〔D〕．山东师范大学，2017.

〔251〕万钰珏，李世银，房子豪等．基于SNA的突发事件网络舆情意见领袖传播影响力〔J〕．西安科技大学学报，2022，42（02）．

〔252〕王聿达．基于耦合网络的新型互联网舆情传播模型研究〔D〕．北京邮电大学，2021.

〔253〕查禹．后疫情时代下我国体育舆情的规制与引导〔C〕．第十二届全国体育科学大会论文摘要汇编——墙报交流（体育新闻传播分会）．2022.

〔254〕彭瑜婷，万晓红．境外社交媒体的北京冬奥会网络舆情分析——基于Twitter推文的词频分析〔C〕．第十二届全国体育科学大会论文摘要汇编——墙报交流（体育新闻传播分会）．2022.